甲子園だけが高校野球ではない

生きてさえいてくれれば

監修
アンジャッシュ
渡部建
Ken Watabe

廣済堂出版

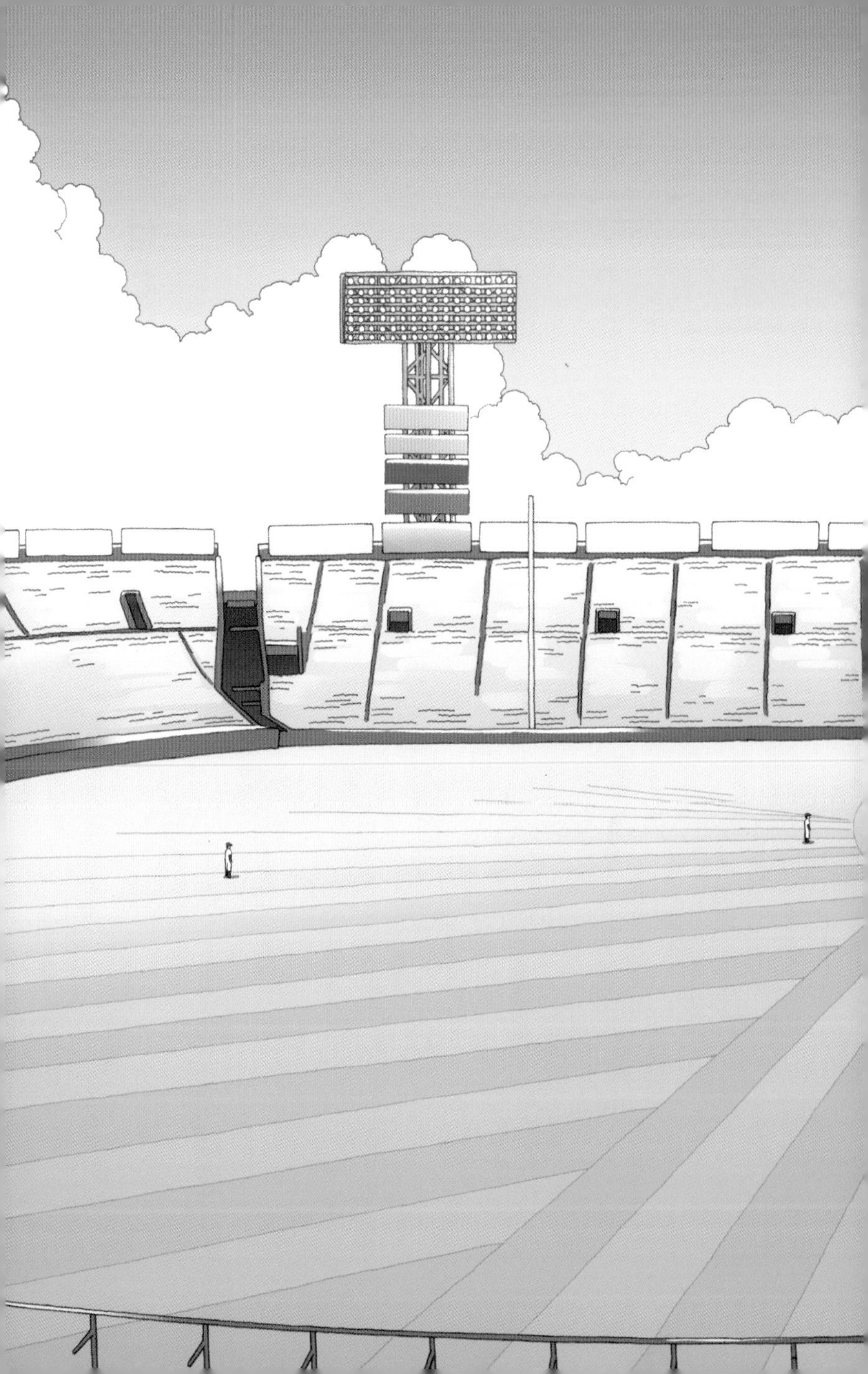

はじめに

アンジャッシュ 渡部建

「甲子園だけが高校野球ではない」――そのタイトルどおり、今回も甲子園出場よりもっと大切なものを得た高校球児たちの物語が詰まっています。

なにより大事なのは、この高校野球というものを通じて「目標に向けがんばる」こと。

これがなによりも大切だということ、この経験がその後の人生でとても役に立つことを教えてくれます。

そして、野球がやれる環境を作ってくれた親への感謝、さらには、野球をうまくする以上に人間的に成長できるよう指導してくれる監督への感謝、また、なにより苦楽を共にし、かけがえのない友情を育《はぐく》んだチームメイトへの感謝——このようにたくさんの感謝を教えてくれます。

改めてわが息子には野球をやらせたい、野球を通じて人間的に成長してほしいと思いました。

野球というスポーツに出会えて本当によかったと思える今作品を、どうぞお読みください。

目次

Contents

Story 1

あきらめたら、何も起こらない

創設活動の先にあった夢の舞台

ぼくが進学した高校には、野球部がなかった。それは入学前から知っていた。中学まで親しんだ白球に別れを告げ、高校では陸上部に入ろうかなと思っていた。でも高校入学の直前、甲子園へセンバツ大会を見に行ったとき、ぼくの体に電流が走った。

やっぱり野球がしたい、甲子園に出たい。
よし、高校で野球部を作ろう！

ここから、ぼくの「野球部創設活動」がはじまった。
インターネットで調べても、野球部の作り方なんて出てこない。

でも、今までやった人がいないなら、ぼくが最初にはじめればいい。

友だちに相談し、次に両親を説得した。説得には2週間ほどかかった。

「できるかどうかわからないことに奔走《ほんそう》しても、中途半端になるのではないか。別の好きな分野で高校生活を満喫《まんきつ》してほしい」

両親はそんなことを言っていた。

でも、ぼくの決意はゆるがない。

高校入学後、同学年で野球経験者を募《つの》ると6人集まった。もう少しで9人に達するし、これなら創部できるかもしれない。この6人で生徒会の先生に提案に行った。

しかし、先生の反応は予想以上に厳しかった。

「ケガや事故が起きたら大変だし、費用もかかる。練習場所や顧問《こもん》の先生も確保しなければならない。簡単にはいかない」

結局、6人いたメンバーは自分ひとりだけになった。ほかの5人は、すでにある別の部活へ散っていった。大人から厳しく「NO」と言われるのが初めてだったヤツもいるし、しょうがない。

自分ひとりでもできることはある。
なんとかして野球部を作りたい。

まず、グラウンド探しからはじめた。学校や家の周辺に空き地を見つけては、その近所の人に「この土地の持ち主は誰ですか」と聞いて回った。持ち主がわかると、すぐに交渉し、断られることが続いた。

でも何件かあたっていくうち、野球好きのおじさんが所有する内野サイズの土地を貸してくれることになった。

土地は荒れていたけれど、整地するのは苦にならなかった。肉体的にはキツくても、それもトレーニングの一環《いっかん》だ。

身長以上の竹みたいな草には、大きめの鎌《かま》をバットに見立て、スイングの軌道《きどう》でスパッと切り込んでいく。低い草は地下足袋《じかたび》を履《は》いてスクワットの体勢で刈《か》り、太ももが太くなった。

強豪校《きょうごうこう》の選手が土嚢《どのう》を背負ってランニングするように、土地に土を運び入れるのもがんばった。

ようやくグラウンドらしくなったころ、悲劇が待っていた。

最大規模の台風が来て、浸水《しんすい》したのだ。グラウンドの土から倉庫の野球用具にいたるまで、すべて流されてしまった。

泣きたくなった。

また別の場所で、グラウンド候補の空き地を探した。持ち主に了解をもらい、同じように整地を進める。

ところが、行き違いがあって、大家さんが「こんなはずではない」と怒ってしまわれた。このことは学校側にも伝わり、先生に呼び出されて怒られた。

結局、専用グラウンドは持てなかった。代わりに、軟式《なんしき》でプレーできる公園などを片っぱしから調べあげ、どうにか週に数日、外で練習できるメドは立った。

もちろん、学校を説得することだってあきらめていない。

学校に「提案書」として出す資料を作った。野球部があるメリット、具体的な部の運営プラン、コストをかけない方法など、思いつくかぎりノートに書き出す。

そして、中学時代にお世話になった学習塾に行き、先生が使っていないパソコンをお借りして清書する日々。

作っては出し、作っては出し。何度も手を加えて、少なくとも10回は提出した。最初は担任や学年主任、生徒会主任の先生に渡していた。「読んでおく」とは言われるけれど、本当に読んでくれているかはわからない。最終的にはもう、校長先生に直接渡した。これは別の先生に注意されたけど。結局、資料の完成版は、Ａ４サイズで40ページになった。

その間も、野球の練習は欠かさない。今は自分ひとりだけど、いつかは9人そろうはずだ。その日が来たときには、ぼくが中心となって打線を引っ張り、どのポジションも守れないといけない。

〝仲間〟はティースタンドとネットだけだ。2時間以上ティー打撃をして、防球ネットを相手にゴロ捕球・送球の練習をくり返す。グラウンドが使えない日に20キロ走り込んだこともある。安価な市の施設でウエイト・トレーニングもできた。

ときどき友だちが手伝いに来てくれる。そのときは、キャッチボールやノックができる。1球でも多く、1球たりとも気を抜かず。

できるメニューはかぎられているけど、野球をしているときがなによりも楽しかった。


ゴールは見えない。

けれど、小さな積み重ねがいつか「野球部」につながる。野球部を作り、試合に出て勝ちたい。

あきらめたら、何も起こらない。


アルバイトもした。バイト代はそのまま部費にして、ボールやバットを買った。ぼくだけの愛用品にはしない。部員で共用するためだもの。

あるときは、公園の近くに住むおじいさんがジュースなどの差し入れを持ってきてくれた。見てくれる人は、どこかにいる。

そのうち、ぼくについてきてくれる後輩ができた。

実はこの創設活動をはじめたときから、広く知ってもらうため、実名でツイッターに活動内容を日々投稿していた。ときにおもしろく、ときに真剣に。それを見て興味を持ってくれたようだ。中には持病があったりして、定期的に参加できないメンバーもいた。５人集まればいいほう。だけど、来てくれるだけでうれしい。部活だから、練習は厳しくやるけど……。

「先輩の熱意がすごいから、ぼくも入ることにしたんですよ」と言ってくれる後輩もいた。

ただ、このツイッター、悲しいこともあった。フォロワー（ぼくのツイッターを見てくれる人）が増えれば増えるほど、ネット上で心ない声を浴びせられた。

「こいつはいったい何がしたいの」

「意味がない。時間のムダ」

「ひとりでやってて空《むな》しくない？」

「硬式《こうしき》の野球部を作りたいはずなのに、軟式で練習してるよ（笑）」


バカにされている……。


たしかに、「意味があるのか」とは、ときどき同級生などからも言われた。そんなときは「見てろよ」と強気で返していた。

でも、見えない匿名《とくめい》の人々から、こんなふうに言われるなんて。

つらかった。ＰＲのためのツイッターさえ、見たくない時期もあった。


２年生の２月。３年生への進級を間近に控え、「ひとりでも多くの新入生が、ぼくの活動に加わってくれたら……」と考えていたある日、ぼくは校長室に呼ばれた。

「よくがんばってることは知っているよ。ただ申し訳ないが、君が在学しているうちに、野球部を創設することはできないんだ」

校長先生はそう言うと、理由をていねいに説明してくれた。日本全国で子どもの数が減っていて、この地域も例外ではないこと。小中学生の野球人口も、増加を見込みづらい状況であること。その中で、施設面など学校全体のことを考えたとき、野球部を新たに作るのは難しいこと。

頭では話は理解できる。でも、体はフリーズした。このまま終わってしまうのはいやだ。ぼくはなんとか言葉を振《ふ》り絞《しぼ》った。

「わかりました。でも、最後まで活動はさせてください」

高野連《こうやれん》に4月30日までに届け出れば、夏の大会に学校として出られる。わずかな望みを胸に、その日を活動の期限にした。

けれど、奇跡は起きなかった。

最後の全体練習日は4月26日。夜8時までひたすらゴロを捕った。数人の後輩が胴上げしてくれた。最終日の30日には、支えてくれた人たちへ感謝の思いを込め、地元の駅周辺でゴミを拾った。

家に帰ると、涙があふれ出た。結局、最後まで夏の舞台に立てなかったし、そもそも野球部が創設されることもなかった。くやしくてしかたがない。

やっぱり意味がなかった。何も残らなかったし、ムダだった。

もう真剣に野球をやることもない。

「今日で野球部創設活動を終了します。壁は越えられなかったけど、今までありがとうございました」

区切りとして、ツイッターに思いの丈《たけ》と活動の終了をつづった。

心が空っぽのまま、眠りにつく。

翌朝目が覚めると、いやにスマートフォンの通知が騒がしい。画面を開くと、前夜投稿したツイッターに、膨大《ぼうだい》な数のコメントが寄せられていた。面識のある友だちだけでなく、見ず知らずのアカウントからもたくさんあった。

リツイート（引用形式の拡散）は400近くに及び、賛同を示す「いいね」のクリックは2500近くにのぼっていた。


「よくがんばった。おつかれさま」

「前向きな取り組みに、勇気をもらっていました」

「私は何も力になれなかったけれど、応援していました」

「最後まであきらめない姿がかっこよかった」

「結果は残念でも、すばらしい行動力に感動しました」


目を疑った。一時はひどい声ばかりで、見るのも怖かったツイッター。今はこんなにたくさんの人が、認めてくれている。ぼくの活動に否定的だった同級生さえ、「お前、すごいな」と言ってくれた。自分の歩みは、ムダではなかったのかもしれない。

数週間後、今度は教頭先生に呼ばれた。

「あなたに、ぜひ、これをやってもらいたい」

聞くと、地元のテレビ局が夏の高校野球中継で「高校生リポーター」を毎年起用しているらしく、教頭先生がその応募要項をくれた。テレビ局での面接試験は自信がなかったけれど、高校野球愛を話したら、リポーターに採用してもらえた。

夏の大会のグラウンドに、選手としては立てなかった。けれど、別の形で大会に参加することになった。

少しだけ、夢がかなった気がする。

さらに夏の大会の後、今度は友だちからスマートフォンに連絡が入った。

「お前、オールスター出るの？」

ぼくの県ではここ数年、高校野球を引退した強豪校の選手たちが、学校の垣根を越えて非公式の「オールスター戦」を開いている。思い出作りの草野球とはいえ、夏の大会と同じ球場を貸し切り、甲子園や県内の高校球界をわかせた3年生が集結する。選手の家族や友人はもとより、高校野球ファンの人たちもたくさん見に来る。

その錚々《そうそう》たる出場メンバーの中に、ぼくの名前があるというのだ。

びっくりした。だって、ぼくは世間で認められた「野球部員」でもなければ、そんな強豪校の選手と試合や練習をしてきたわけでもない。ぼくのツイッターをフォローしてくれている選手は何人かいるけれど、会って話したこともなければ、メッセージを送ったこともない。

そのオールスター戦の出場メンバーが載っているという、強豪私学の4番打者のツイッターを見てみた。たしかに、ぼくの名前がある。思わずメッセージを送った。

「オレ、出るの？」

「出るよ。出たくない？」

「出るよ！」

うれしい。まさか自分が、県内のスター選手や甲子園メンバーに交《ま》じって、いっしょに野球をプレーするなんて。

なによりも夢に見た「高校野球」の「試合」を、あこがれの野球場でできる。

当日、集合時刻より3時間も早く着いてしまった。同い年とはいえ初対面の選手も多く、どういう感じで話せばいいか不安もある。でも、ぼくの顔を見るなり「今日はよろしく！」と次々に声をかけてくれた。

「オレのこと知ってるの？」と聞くと、「知らんわけないやろ！」「ウチの高校の野球部、全員お前のこと知ってるよ」と返ってきた。

彼らのマインドが、本当にありがたかった。甲子園やプロ入りが近くにある彼らにとって、ぼくの存在など無関心だと思っていたから。

試合ではヒットも打った。二塁打だ。

相手のキャッチャーが、ぼくが打席に入るたび「コイツすごいバッターだから、外野下がれ！」と言って、やたらヒットゾーンを広げてくれた珍アシストもあったけど、あれは普通の守備隊形でもヒットになっていたと思う。

スタンドで見ていたぼくの家族や友だちが、手をたたいて喜んでくれているのが、二塁ベース上からはっきり見えた。

相手の二塁手が「初ヒットおめでとう！」とかけ寄ってくる。

高校生活の最後に、一生忘れることのない最高の景色を見た。

野球部は作れなかったけれど、高校3年間、ぼくはつねに〝野球部員〟であり続けた。

間違いなく、ぼくの人生の礎《いしずえ》だ。

Story 2

どうしてそこまでがんばれるのか？

ベンチ入りギリギリ。最後に生徒の投票でメンバーを決めることになり……

ぼくは中学時代はチームの４番。大会ではホームランもけっこう打ったりして、自分に自信を持っていました。中３になったころ、ある強豪《きょうごう》高校を薦《すす》められ、見学に行ってみたら……。

その高校の監督さんの熱さに惚《ほ》れ、練習の雰囲気《ふんいき》に惹《ひ》かれました。

ここで甲子園をめざす！

そこを受験して、合格。高校野球がはじまりました。さすがは強豪、同学年にU15の日本代表選手やシニアの日本代表がいたり、名の知れた選手がいっぱいいて……。

こんな中でメンバーに入るなんて無理だ。

マイナス思考が、毎日、頭の中をグルグルしていました。

寮生活もキツい。今まで、親がやってくれていた洗濯など、身のまわりのことを全部自分でやる大変さも痛感。1年生は当たり前にやる仕事が多く、食事もサッと済ませなきゃいけないとか、時間までに片付けや雑務が終わらなければお風呂の時間が少しになってしまうとか。

でも、たまの休みに同級生とワイワイやるのは楽しかったし、月に一度、親と食事できるのも、とてもいい気分転換。母はいつも「練習キツい？」「洗濯とかちゃんとできてる？」と心配ばかりしていたので、これ以上心配させないように、「不自由なくやってるから大丈夫だよ」とか「みんなと楽しくやってるよ」などとしか言いませんでした。ほんとはキツくてつらかったけど……。

その夏、うちの高校は甲子園出場を決めました！

ぼくら1年生はスタンドでの応援でしたが、先輩たちが、予選で1試合1試合勝利をものにし、甲子園が近づいていくワクワク感とドキドキ感はハンパない。

ぼくはそれまで一度も甲子園球場に行ったことがなく、初めてアルプススタンドに足を踏み入れたときは鳥肌ものでした。球場全体がキラキラ輝いて、テレビでは感じられない迫力や雰囲気がある……。

すげー！　ここでプレーしたい!!


そんな甲子園メンバーの中には、中学時代はそこまでの実績がない先輩や、最初はBチームだったけど努力の末にAチームにあがった先輩もいました。

あきらめずにがんばり続ければ、ぼくにもメンバー入りの可能性があるかもしれない。希望が見え、目標ができた夏でした。


1年秋、同学年の何人かがAチームに入りましたが、ぼくはBチーム。Aに上がるためには練習あるのみ。Bの練習のほかにぼくは毎日自主練もしていて、よかったのは、同部屋にいっしょにやる仲間がいたこと。

そいつは、実力も、チーム内での立ち位置も、ぼくと同じぐらいで、メンバー入りにかける思いもすごく強い杉山っていう生徒。疲れていても、気持ちが折れそうになっても、杉山がいるから自主練をいっしょにがんばれる。

お互い口には出さなかったけど、「いっしょにメンバーに入れるようがんばろう」という思いで、毎日2人で練習していました。


2年の夏も過ぎ、いよいよぼくらの代がはじまります。それまでB戦でけっこう打っていたこともあり、ぼくは秋季大会のメンバー（A）に入ることができました。うれしかった！

——でも、秋季大会で、ぼくは1回も試合に出ることはありませんでした。レギュラー陣の力ははるか上で、ぼくの出る幕はまったくなし。ずっとベンチで裏方。

大会後、すぐにBに落ちました。

代わりにAに上がったのは下級生。

あぁ、この感じだと来春も来夏も無理かな。でも、杉山は秋季大会でメンバー入りできなかったのに気持ちを切らさずにがんばっている。ぼくもあきらめちゃダメだ。

そこからまた練習練習の日々。Aチームは寮での夕飯後、室内で夜間練習をするのですが、ぼくと杉山は、その間にお風呂に入って洗濯も済ませて、Aの夜間練習が終わる22時過ぎに室内に行って、そこから練習。

Aが引き上げるときにぼくらが入るので、Aの選手たちに「この時間からやるのかよ」と言われたりもしたけど、力がないぼくらは、やらないと追いつけないし、追い越せない。夜中の0時、納得がいかないときは1時まででも練習していました。

でも、それだけやっても、ぼくは3年春の大会のメンバーには入れませんでした。

杉山も最初は入れていなかったのですが、外野手にケガ人が出たことから、関東大会からついにベンチ入り！　素直にうれしくて、「がんばってこいよ！」って声をかけました。杉山は「おう！」とだけで、あとは何も言わない。自分だけベンチ入りしてしまい、ぼくになんて声をかけたらいいかわからなかったのかもしれません。

正直、もし、ぼくが杉山よりバッティングがよかったら、ポジションは関係なく、内野手のぼくがベンチ入りできたかもしれない。そんなふうにも考えました。

でも、ぼくじゃなかったのは、やっぱり実力不足。

最後の夏までもっと練習しなくては。

杉山がAに上がり、自主練の相手がいなくなってしまったので、ひとりで練習するようになりました。同じ3年生の中には、ベンチ入りをあきらめ、下級生の指導や練習の補助に回る選手もいました。

だけど、少しでも可能性があるなら、ぼくはあきらめたくない。

結果を出してAに呼ばれるように、また、Aで誰かケガ人が出たりしたとき、すぐ合流できるよう準備するために、練習し続ける。

どうしてそこまでがんばれるのか？

それは、自分のため、というより家族のためかもしれません。

「お前ならできるぞ」と力をくれる父。どんなときもぼくの味方で、つらいときにいつもメールで励ましてくれる母。ただただ応援してくれる弟。そんな家族を甲子園に連れていきたい。活躍しているところを見てほしい。それだけだと思います。

夏のメンバーがそろそろ決まる、という6月のある日、ぼくら3年生に集合がかかりました。何か話があるのかな、もうメンバー発表されるのかな。

先生（監督）が1枚の紙を配りながら、こう言いました。

「ベンチ入りは20人。19人は決めた。そこに書いてある。あとひとりはみんなに選んでもらいたい。自分の名前も書いたうえで、ふさわしいと思う選手を3人まで書いてくれ。選んだ理由も書いてな。自分が20番目にふさわしいと思えば自分でもいいんだぞ」

思いがけない選手投票でした。

真っ先に杉山の名前を書きました。次に、相手チームの分析など裏方の仕事をメチャクチャがんばっていた山崎の名前を書きます。

あとひとり……どうしよう。迷って迷って迷った末、「ぼくではないよな」と、同級生の名前を書いて出しました。ぼくは、練習をやってきた自信はあったけど、自分で自分を推《お》す自信がなかったんです。

それから数時間後、メンバーが発表されました。

なんと……なんと……ぼくの名前が呼ばれたんです！　杉山も、山崎も！

先生（監督）は話してくれました。

「本当は20番目の選手をひとりだけ決めるつもりだった。でも、全員がこの3人の名前を書いてきたんだ。納得できる理由もちゃんと書いてな。みんな見てたんだな。そこまでみんなが『ベンチに入れてほしい』っていう3人を、入れないわけにはいかないだろう」と。

まだ来年がある下級生に代えてのベンチ入り。

ぼくらのことをちゃんと見ていてくれて名前を書いてくれた同級生、そして、みんなの思いを汲《く》んでぼくらをベンチに入れると決断してくれた先生には感謝しかありません。ベンチ入りできなかった選手もいるので、その場で感情を出すことは必死にこらえましたが……。

部屋に戻って杉山の顔を見たとき、いろんなことを思い出して大泣きしてしまいました。お互い「よかったなー」ってがっちり握手。

ほかの選手も集まってきて、「すげーがんばってたもんな！」「ちゃんと紙にお前らの名前書いたぞ！」「お前らはBチームの星だよ」って。

やってきたことが、こういう形で報われるなんて信じられなくて涙が止まらない。

その後、母に電話で報告すると、「がんばってきてよかったね」と。電話の向こうで母が泣いているのがわかって、ぼくもまた泣いてしまいました。

いい報告ができて、ほんとによかった。

次なる目標は、甲子園出場。そして、2つ上の先輩たちが、あと少しのところで成し遂げられなかった全国制覇をすること。

7月、部員全員そして、部員の家族の思いも背負って大会に挑みましたが――。

ぼくらの高校は準決勝で敗れ、その道は絶たれました。

正直、負けることなんて考えていなかったので、試合が終わってしまっても呆然《ぼうぜん》とするだけで涙も出ない。何がなんだかわからないまま荷物をまとめて引き上げ、ロッカールームに移動。そこで先生（監督）が静かに話しはじめたとき、負けたことを実感し、涙が一気にあふれ出しました。

先生（監督）はいつもいい話をしてくれましたが、そのときはこんなことを言ってくれました。

「勝たせてやれなかったのはオレの責任だ。申し訳ない。こんなにみんながんばってきたけど、試合には負けた。努力しても結果につながらないこともあるんだな。でも、これからもお前らは、自分の目標に向かって努力していくんだぞ。努力して、がんばって、人生の勝利者になってくれ」

ぼくはまた泣きました。

引退して思うこと。

2年4か月、一心不乱《いっしんふらん》にやり続けたことは胸を張れます。念願のベンチ入りができ、夏の大会の開会式、神宮球場で入場行進できたこともうれしかった。

でも、ベンチ入りしても試合には出られず、ずっと一塁コーチャー。チームの勝利には貢献できなかった。

だから、次のステージでは、今度こそ結果を出せるようがんばる！

次にがんばること。それは、大学で勉強と野球の両立をしていくこと。

Bチームのキャプテンとして下級生にアドバイスをしたり、采配《さいはい》も考えていく中で、指導の面白さややりがいを感じ、将来は指導者になりたいと強く思った。だから、数学の教員免許取得と、野球部の一員として大学日本一になる。

そして指導者になって、いつか、母校と対戦する。

そこを目標に、ぼくらしく、1歩ずつ前に進んでいきたいです。

Story 3

生きてさえいてくれれば

2人の息子は野球少年。しかし、ある日……

私がこの町で生活して30年近くが過ぎようとしています。

大学卒業後、高校の国語の教師になり、2校目がこの町の学校でした。広大な北海道の公立高校ですから、小さな異動もあるものの、幸い、自宅通勤です。海沿いの小さな町ですが、降雪量も少なく、町の人たちもおだやかでとても暮らしやすいところなんですよ。

私は教師生活の大半を「高校野球指導者」として過ごしてきました。

そのわりに自分自身は、高校1年のときに野球部を退部しています。それでも野球は大好きで……野球の指導者は希望ではありましたが「夢」というほどではありませんでした。

初任校の前任者は指導力に優れた若い熱血先生で、たまたま入れ替わるように私が赴任《ふにん》して野球部の指導者となりました。

部員は、評判の熱血先生を慕って入部した連中です。それなのに高校、大学で野球をやっていない若造（私）が指導者になったのですよ。がっかりもしただろうし散々《さんざん》ナメられました。それがくやしくてね……。全体練習後にノックの練習をしましたよ。必死でした。

でもね、当時の高校生はストレートな分、こっちの想いを受け止めてくれるし、根は純粋な田舎の少年たちなんです。歯を食いしばってがんばってくれましてね……。

初任校の最後の年、春夏連続で地区大会を勝ち上がり北海道大会へ出場できました。春夏連続は創部初、今でもそのときだけだそうで、ちょっとした誇りです。

当時の生徒たちも50代に差しかかります。多くが親となり、早いヤツは孫もいますよ。

どんな人生であっても胸を張って生きていてくれたら、それだけで私は十分なんです。とにかく生きてさえいてくれたなら……。

私には息子が2人います。

私が高校野球の監督をしていたことに加えて、長男が小学生のころ、北海道に日本ハムファイターズが来てくれて、息子たちはすっかり野球が大好きになりました。

2人とも友だちと毎日遅くまで元気に野球をやって、ファイターズを応援していました。

私がなかなか相手ができなかったのでさびしかったかもしれませんが、妻もよく面倒を見てくれました。妻は子どもたちを育てながら、家計を助けようと夜中にコンビニで仕事をするなど必死に、そして明るく家族を守ってくれました。

息子たちは6歳違いと少し離れていることもあって、長男が次男の面倒をよく見てくれました。いつだったか、兄弟2人でファイターズを応援するために札幌《さっぽろ》へ行ったこともありましたっけ……。仲のよい兄弟です。

次男は、私が高校野球の監督をしていることがうれしかったそうです。友だちからうらやましがられ、たまに友だちといっしょに私の学校の応援にも来てくれました。また、北海道では各校の指導者が大会の審判を行うのですが、私が審判員をしたこともちょっとした自慢だったそうです。

5年生のときに地元テレビ局と日本ハムファイターズの企画で飯山裕志《いいやまゆうじ》選手（現・同チームコーチ）と札幌ドームで「野球盤」対決をしたい、という次男のアイディアが採用されて、飯山選手と対決したんですよ。

そのときに飯山選手がサヨナラホームランを打ったんです！　遊びの「野球盤」対決でも本気で次男と対戦してくれたうえに、「守備の人」の飯山選手がホームランを「打って」くれて、次男は負けたけど大喜びでした。

元気でちょっと面白くて、学校と友だちとファイターズと野球が大好きな次男は、私たちを明るく照らし続けてくれました。

40歳を過ぎてからの子どもだったことや長男と6歳違いなことに加えてこの町の風土もあり、本当におだやかな日々を過ごしていました。

次男が小学6年生の秋までは――。

次男は本当に普段と変わりなく、修学旅行から元気に帰ってきたんです。そして見学地のこと、友だちのことなど楽しそうに話していました。

数日して、少し吐き気がすると言い出しました。そのときは私も妻も、きっと本人も、「疲れが出たのかな」程度に考えていました。

次男は友だちにも恵まれて、学校が大好きだったんですが、その大好きな学校を休む状態になり、病院へ行きました。

最初の病院ではわからなくて、連休明けに違う病院へ行き、判明しました。

診断は「脳腫瘍《のうしゅよう》」。

しかも、ただの脳腫瘍ではありませんでした。「うちでは対処できないので札幌の病院へ」と言われ、その日は地元の病院に宿泊し、翌朝救急車で札幌へ行きました。

そして札幌の大病院でこう告げられました。

「脳幹部《のうかんぶ》グリオーマですね」

脳幹部分に大きな腫瘍が認められる症状で、手術は不可能。正直、もうこのあたりからは記憶がありません。

その後の治療方針も説明があったと思います。きっとていねいに説明を受けたのでしょうが、要約すると「治癒《ちゆ》する見込みはない」という受け入れがたいものでした。

当然、納得いくはずがありません。

もっとも、病院もそれはおり込み済みだったのでしょう。

「納得いくまで、ほかの病院などで診察してもらってください」と言われました。俗に言う、「セカンドオピニオン」です。「藁《わら》にもすがる」とはこのことです。

必死に探して、脳外科の世界的権威《けんい》とされるドクターへ症状と病院の診断をメールで送りました。しかし、返信にはこうありました。

「残念ですが、現在の医療では手の施《ほどこ》しようがありません」

当時、長男は高校3年生で大学受験を控えていましたが、受験する大学の数を減らしはじめました。私は「可能性があるのなら難関校を含めて挑戦しろ！」と話したのですが、長男はボソッと「いや、いいんだ」と。

今思うと弟の病状を心配し、極力親に負担がかからぬように、という長男のやさしさなのでしょう。私自身、そんな長男の気遣いにも気づいてやれないほどに憔悴《しょうすい》していたのかもしれません。

次男は妙に大人びたところがありましてね。海が近いので海鮮ものが大好きで、特に「生さば」が大好きでした。小学生なのに「生さば」ですよ。

一方で、無邪気で誰とでも仲よくできる才能もあり、よく地域のイベントやお祭りに友だちと出かけていきました。不登校の子とも仲よく遊び、いっしょに学校へ行くこともありました。

そんな次男ですから、小学校の卒業式に参加できないことはショックだったと思います。治療は放射線治療が中心で、副作用があり、味覚《みかく》、嗅覚《きゅうかく》が失われたり、斜視《しゃし》（片方の目が見たいほうへ向かない）の症状が出たり。それでも次男は明るく向き合ってくれました。


年末年始に一時退院できたときは、なんとも言えない幸福感でした。

こんな家族だんらんが永遠に続いてほしい。家族が元気でいてくれる、当たり前のことがどれだけ幸せなことか……。

小さな町なので、小学校の友だちのほとんどが同じ中学校へ進学します。中学校の配慮もあり次男は中学生となりました。

一時は体調もよくなり、自転車で学校へ行きたがるほどの回復で、私たちも奇跡を願いました。しかし、この一時的な回復もこの病気の特徴だそうです。

それでも私はうれしかったですよ、元気な姿を見られたので。

少しずつ症状が進み、車イス生活になっても次男は学校へ行きました。登校すると、クラスメイトが玄関で待っていてくれて、車イスごと持ちあげて教室へ運んでくれました。

発病から1年3か月ほど経った中学1年生の冬。

修学旅行も難しいだろうと、思い切って家族旅行へ出かけました。

2泊3日で京都・横浜の旅です。「新幹線に乗りたい」という次男の希望もあり、京都からは新幹線で東京へ、そして長男が進学し生活する横浜を訪ねました。

北海道の多くの高校生は、修学旅行で京都・奈良を訪ねます。車イスの次男も、冬の京都、横浜と、各地で多くの方にお世話になりながら、13歳の〝修学旅行〟を終えました。

飛行機の中では冬休みの宿題をやっていたんですよ……。早く学校に戻らなきゃ、ってね。これが最後の家族旅行になってしまいました。

次男には病気について、詳しい説明はしていません。していない、というよりは、できませんでした。本人はどうでしょうね……。

いつのころからか、次男は「未来は変えられる」という言葉を好んで使っていました。自らの寿命を悟《さと》っていたのかもしれない――そう思うと、今でもいたたまれない気持ちになります。

〝修学旅行〟から戻っても病状は好転することなく、しだいに会話もままならなくなりました。私自身、精神的につらくて、少しでも次男といっしょにいたいと、地元の学校へ異動させてもらいました。

ほどなくして中学2年生に進級した次男は、ゴールデンウィーク最終日に13年と7か月という短い人生を終えました。

北海道では桜がまだ咲いている季節です。

次男は、最期まで「未来は変えられる」と信じていたのでしょうか。妙に大人びたところがある次男らしい言葉です。通夜にはたくさんの友だちが集まってくれて、見送られて、小さな箱に入って家に帰ってきました。

次男の中学校では、卒業するまで机をそのままにしてくれたそうです。たくさんの友だちが毎年10月の誕生日には、プレゼントを持って線香をあげに来てくれました。私は次男のことでしばらく野球部から離れていましたが、一周忌《いっしゅうき》を前に自ら希望して野球部へ戻りました。次男の言葉が背中を押してくれました。

「野球、やりなさいよ」

面白い子ですよね、「やりなさいよ」って。そういう子なんです。彼の「遺言《ゆいごん》」なんですよ。

最近、今までを振り返り、思うんです。

どれだけたくさんの同僚、他校の指導者の方、生徒、親御さんに支えられてきたのかを。

野球の大会や審判員の関係で授業を代わってくれた同僚、大切な家族を私たちに預けてくれた親御さんたち、そんなたくさんの人たちに対して、何ができるだろうか、と。

定年退職が見えてきたころ、次男が命をかけて教えてくれたことをやり遂げよう、そのために野球部の指導をさせてもらいたい……そう思うことができました。

私は2年後に定年退職を迎えます。

そして、今年、次男の仲間たちが高校3年生、最後の夏を迎えます。

私が見ている、野球部の部員の中には、彼の小学校からの友だちもいます。

彼らは「友だちの死」という私と異なる悲しみを経験しています。「監督」として部員と次男の話をしたことはありませんが、彼らにとって私は「死んでしまった友だちのお父さん」です。

命の大切さを言葉ではなく、悲しみとともに理解している彼らとの夏を、次男はきっと見守ってくれることでしょう。

それにしても……次男が生きていたなら、高校3年生ですか……。元気だったころが遠い昔のことのようです。いっしょに遊んでいた彼らの成長した姿、とてもまぶしくて、すごくカッコイイですよ。そして……やっぱりうらやましいです。

君たちのことを自分の命と引き換えにしてでも守りたい、と思っている家族がいることを伝えたい。

そして、君たちが元気に野球をやっていることだけでうれしく思う人たちがいることを伝えたい。

野球の神様は確かにいます。小さなことですが、私が次男の友だちとともに高校野球をやれること、それも野球の神様の計らいだと思うのです。やはり「感謝」しかありません。

この夏、そして卒業式はちょっと平常心ではいられないでしょうが……。
今から天国の次男に笑われないか、心配しています。
近くでずっと支えてくれた妻のためにもしっかりしないと。

全国の高校球児たちへ——

「未来は変えられる」

私は「甲子園」どころか、決して強いとは言えない野球部の監督ですが、この言葉を贈ります。
生きたくても生きることができなかった息子の分も、全力で生き抜いてください！

Story 4

甘くてしょっぱいたい焼き

部員が足りずに連合チームでがんばる女子マネージャー

たい焼きを食べながら、ポロポロと泣いて歩道を歩いている女子高生が2人。車道を走る車の運転手は、そんな私たちをどんなふうに見たんだろう。

思い出すと、クスリと笑えてきます。

*

私は高校時代、野球部のマネージャーを務めました。でも、大会に単独チームで出場できたのは1年の夏だけ。私の高校は部員数が少なく、1年秋からはつねに近隣の高校と連合チームを組んだのです。

2年秋と3年春に連合を組んだチームには、同い年の女子マネージャーがもうひとりいました。

最初は仲よくなくて。「あぁ……、よろしくね……」みたいな、だいぶ距離感があるところからのスタートだったっけ。

彼女のことは、連合チームになる前から知っていて、しっかりしたマネージャーの鑑《かがみ》のような子という印象がありました。仕事をテキパキやって、ムダなおしゃべりなんてしないんだろうな。私とは違うし、ひとりのほうが楽かもしれない。

そう思い、打ち解けるのが難しかったのです。

2年秋の大会に向けて練習していた夏休みのある日。マネージャーの仕事がひととおり終わり、やることがなくなってしまいました。

「ヒマだから、ぞうきんでも洗う?」

水道はグラウンドから離れたところにあり、私は彼女とそこに向かいました。ぞうきんを洗いながら、自然と会話が続き、どんどん弾みます。連合チームの選手のこと、先生のこと、野球以外のことをしゃべる、しゃべる。

え〜！　こんなにしゃべるんだ！

時間も忘れ、すっかりおしゃべりに夢中になっている私たち。「マネージャー！来ーい！」。遠くのグラウンドから響く先生の声。「やばい！」。2人とも我に返り、あわてて戻る中、すっかり仲よくなれたことがうれしくてたまりませんでした。

彼女には見習いたいところがたくさんあります。たとえば、服装。夏は暑いため、私はハーフパンツをはいていましたが、彼女はボールが当たっても大丈夫なように長ズボンをはいていました。

私はストップウォッチや笛を必要なときだけ持っていましたが、彼女はいつ何があってもいいようにつねに携帯していました。

彼女はアナウンスが得意で力を入れています。

「甲子園のアナウンスを録音して聞いているんだよね」と言われたときは「え！　すごい！」ととても感動。彼女はアナウンスを担当する試合前にはイメージトレーニングをして本番に臨んでいました。

抑揚《よくよう》をつけた話し方に臨機応変《りんきおうへん》な対応。

どんどん真似《まね》よう。いいところを盗もう。私は彼女に感化されていきました。

境遇も似ていました。私の高校も彼女の高校も、同学年の選手はたったひとりだけだったのです。

でも、マネージャーを志望した思いには違いがありました。

彼女は連合チームになった2年夏、単独チームでないことが悲しく、毎日のように泣いて体重も激減したそうです。しかも、彼女は高校で野球部のマネージャーをやるために、中学校でソフトボール部に入っていたと聞いたときは、「その時点で違うな」と思ったものです。

私はというと、まったく野球に興味のない人生を歩んできました。
それが中学3年のとき、私の県の代表校が甲子園で準優勝。

めっちゃカッコいいじゃん！
高校では野球部のマネージャーをやろう！

動機はそんな感じ。そして、入学した高校の部活動紹介で私は愕然《がくぜん》としました。
「硬式《こうしき》野球部です。人数が少なく、大会に出場できません。ぜひ、入部してください」

え？

3年生はゼロ人で2年生が5人だけ。大会に出られないの？　マネージャー、必要ないよね？

別に、入らなくていいや。

すっかり心が折れた私は入学から1か月ほど、何気ない毎日を過ごしていました。

そんなある日、担任の先生から「進学を希望するのなら、ちゃんと活動している部活動に入ったほうがいいよ」と言われました。

どうしよう。何も得意なこと、ないしな。運動神経も悪くてスポーツはできないし。うーん……、やっぱり野球部のマネージャー？　ちょっと行ってみるか。

悩んだ末、私は野球部のグラウンドへ。「見学に来たの〜？」という先輩の軽い言葉にちょっと引いたけど、ここまで来て引き下がれない。

ジャージに着替えると、監督から「ボールを転がして」と言われ、ゴロ捕球をする部員にボールを1球、1球、転がしました。

思ったよりも小さいけど、重いな。こんな感じでいいのかな。

野球部のマネージャーの仕事は、練習中にドリンクやおにぎりなどの軽食を作ったり、部室の掃除や草取りだと思っていましたが、こうした練習の手伝いもするのかと新鮮でした。

人数が少ないからこそ、手伝えることがあるんだ。助っ人を借りて出場する夏の大会を前に、野球部に入部しました。

まったくわからなかった野球のルールから勉強し、スコアブックの書き方もおぼろげな中で迎えた夏の大会は、初戦で0対16の5回コールド負け。

え？　もう終わり？

このまま秋に向かうと思っていましたが、夏が終わると、選手が一気に退部。残ったのは同級生ひとりだけでした。

選手ひとりとマネージャーひとり……。

私は彼の練習を手伝っていましたが、とくに話すこともなく、ずっと気まずい感じ。彼は口数が多いほうではなく、引っ込み思案。明るくさわやかなスポーツマンタイプではなかったのです。平日の練習で彼は顧問の先生とキャッチボールをしてノックを受けていましたが、うまくできないと泣き出す始末《しまつ》。

「あいつ、大丈夫か?」と先生から聞かれ、「また、泣いていますね。大丈夫じゃないですか」とボールを渡す私。

「おい! 泣いてばっかりじゃ、ダメだぞー!」。響く先生の声。

先生は甲子園に出場したチームの基礎を築くなど、指導力に定評のある方でした。

先生、すごいんだよ。もっとちゃんとやってよ。

秋の大会には、同じように人数の少ない近隣の3つの高校と4校で連合チームを組んで出場することになりました。

週末は連合チームを組む高校と活動。そこの先輩マネージャーから仕事を教えてもらい、できることが増え、週末が楽しみでした。

でも、平日の部活は憂鬱《ゆううつ》でした。

やめたいなぁ。正直、苦痛だ……。でも野球は好きだし、選手ひとりにさせるわけにいかないいな。

そんな感じが2年生になっても続きました。1年生の入部はなかったのです。

それでも、2年夏くらいになると、連合チームの選手たちを交《まじ》えて、彼と少しずつ話せるようになりました。

2年夏は3校連合で大会に出場し、初戦で0対7の7回コールド負け。

秋。夏もいっしょに戦った3校に1校、加わることになりました。

その高校に同い年の女子マネージャーがいたのです。その高校は甲子園出場こそないものの、長い歴史と実績がありました。もともと組んでいた連合チームはちょっとゆるやかな空気が流れていましたが、そこに加わった伝統校。

人数は少なくても、きちんとしたチームのマネージャーだから私とは違うよね。私は見えない壁を作っていました。

彼女も連合チームになったことへの葛藤《かっとう》を抱き、苦しんでいました。

それが〝ぞうきん事件〟ですっかり打ち解けたのです。

3年最後の夏。私の高校は相変わらず連合チームを組みましたが、彼女の高校は新入生が加わり、単独チームで出場することに。

もう、いっしょに戦うことはないんだな。そう思っていたけど……。

私たちの試合をアナウンスしてくれたのは、彼女でした。彼女の〝甲子園風〟のアナウンスに背中を押され、選手たちは躍動《やくどう》。初回に2点を先制したのです。

スコアを記しながら、私の胸は高鳴りました。選手たちもワーッ！　と盛り上がっています。

相手からすればすぐに追いつける点数かもしれません。しかし、普段はひとりだったり片手くらいの人数でしか練習ができず、週末にしか集まることができない連合チームの私たちにとっての「1点」は、1勝に似た喜びがあるのです。

強豪校《きょうごうこう》や単独で出場できる高校の目標は「甲子園」でしょう。でも、そんな大きな舞台よりも、「1点」のほうが大切なチームもあるのです。

試合ができるフィールドが、私たちにとっての「甲子園」なのです。

2点を先制したその裏、一気に6点を返された私たち。でも、2回表に1点を追加しました。

すごい！　みんな、すごいよ！

今まで なら意気消沈していた場面。それが、しがみついて1点を奪ったのです。
その後は、たたみかけられて3対13の5回コールド負けで終了したけど、伝統ある彼女の高校と連合チームだったことで「甘え」が減り、部員は成長していました。それを体現してくれたことに感動。

その翌日、今度は彼女の単独チームの初戦でした。
なんとアナウンスするのは私。
ボールボーイは私の高校の選手が担当しました。私たちの高校野球はまだゲームセットを迎えていなかったのです。

彼女のようにうまくできたかどうかわからないけど、私は自分のチームのように心を込めてアナウンスをしました。

彼女のチームは、7対0の7回コールドで初戦突破。

私が1年生の夏から戦った公式戦は11試合。この〝12試合目〟が初めて勝った試合になりました。

小学生のころのピアノも、中学生のときのバスケットボール部も、最後まで続けたことがなかった私。野球部も何度もやめたいなと思いました。学校では「なんで2人でやっているの？」と言われたこともありました。でも、続けました。

人数が少ないからって、なめていたときもあったな。

たったひとりの選手とギクシャクしていた。同い年のマネージャーとあのときまで打ち解けられなかった。

でも、連合チームを組ませてもらった計4校の部員や先生と出会えた。進路も連合チームの先生からいただいたアドバイスで決めることができました。

心残りは、顧問の先生を単独チームの監督にできなかったこと。活動紹介の動画を制作するなどして部員集めをしたけれど、その夢はかないませんでした。

「大会に出場できない、ということは絶対にしないから」

そう言って、3年間、連合チームを組んで大会に出場させてくれた先生。

マネージャーをやれたのはひとりでも選手がいたから。マネージャーとして成長できたのは彼女がいたから。

たくさんの人のおかげで〝普通〟ではない高校生活を味わえたのです。

＊

彼女の高校と組んだ連合チームで、3年春の大会で敗れた翌日のこと。

夏は別々に出場すると決まっていたけれど、その日は最後の合同練習がありました。

その帰り道。いつもなら先生の車に乗せてもらって学校に戻るのですが、この日は彼女といっしょに帰ることになったのです。

徒歩で30〜40分はかかる駅に向かって歩いていると、どちらからともなく、

「お腹、すいたね」

ちょうど、たい焼き屋さんがあり、私はカスタードクリーム、彼女は小倉あんを注文しました。

あんなこともあったね。こんなこともあったね。話のネタは、連合チームでの思い

出。別れるのが惜しい……。

「やば〜い、泣きそう」

涙でしょっぱいはずなのに、たい焼きはどこまでも甘くて、「おいしい〜」と言いながら泣いている。まわりから見たら、おかしな2人組だっただろうな。

＊

あのたい焼き屋さんの前を通るたびに、ギュッと思い出が詰まった高校野球の日々がよみがえります。

Story 5

いちばん強いのは、ボブ・サップ

〝不良少年〟たちに寄り添う監督

札付きのワルを、ぼくが監督を務める野球部で預かることになった。

彼の場合は、実際に〝前科〟があった。中学のとき、気に入らない社会人の先輩を呼び出してボコボコにした。傷害事件として法で裁《さば》かれ、少年院とは違うけれど、ある特別施設に入所していた。「不良行為をなし、またはなすおそれのある児童」が親もとから離され、特別な環境のもと保護観察《ほごかんさつ》を受けるところだ。

そこを退所後、高校進学を希望して本校を受験してきた。名前をJという。

うちの野球部に入部してくると聞いて、ぼくは「マジか」と思う半面、「また不良が来るの？」みたいな感覚もあった。ここ何年か、手のかかりそうな子の面倒を見ている。聞こえのよい言い方をすれば、〝更生《こうせい》〟の手腕《しゅわん》を買われているのか。でも単に、ぼく自身が昔はそんなに品行方正《ひんこうほうせい》なタイプではなかったから、類は友を呼び、こういう展開になるのかもしれない（笑）。

むしろぼくよりも、すでに野球部にいる部員たちがビビッていた。自分たちのほうが年長者なのに「先生、Ｊが入部してくるんですか」と青ざめている。そんなにＪは有名なのか。

現部員たちには「入部の前に、オレから話をしておくから」と言っておいた。

Ｊが入学後、ぼくはさっそく監督室に呼んだ。

「で、どうしたいんだ」

「ちゃんとしたいです。やり直したいです」

とはいえ、態度には悪ぶっていた名残《なご》りがある。

「Jさあ、この世で誰がいちばん強いか知ってんのか？」

「監督ですか」

「バカ、J、この世でいちばん強いのはボブ・サップに決まってんだろ。ボブ・サップにかかったらオレなんて瞬殺《しゅんさつ》だぞ（笑）」

ぼくは、Jみたいなヤツには、決まってそう言う。

「いいか、J。お前がいきがって悪ぶったところで、しょせん、こんな小さな町の中だけだ。お前が『ちゃんとやる』と言うならちゃんとやれ。やらないならとことん不良になれ」

それでもJは「やる」と言う。

「だったら話は早いな。その代わり、自分を変えないといかんぞ」

野球を本気でやりたいのか、やりたくないのか。それを本人に決めさせる。中途半端では話が進まない。お互い不幸になるだけだ。

そして決めたなら、あとは本人がやるだけ。

Ｊは練習をさぼったりすることはなかった。ただ、気に入らないことがあると、すぐにカッとなる。そんな性格が、中学時代の失敗にもつながっている。

投手をしていたＪは、味方のエラーにもキレた。先輩のエラーに対して「ふざけんなよ」と声を荒《あら》らげ、ベンチに帰ってくるなり、物に当たり散らした。

ぼくは言う。

「おいＪ、くやしい気持ちを出せるのはいいことだ。でも周囲への影響も考えろよ」

こんなとき、Ｊを怒鳴《どな》るとかブン殴《なぐ》るとかして、力で抑え込むのは簡単だ。だけど、それはしない。中学時代に暴力で過ちを犯したＪに対し、ぼくも手を出したら、同じことになってしまうから。

もちろんＪにかぎらず、生徒に怒るときは怒る。ただ、ぼくが怒るときは「生命の危険にかかわるとき」「己《おのれ》を向上させないとき」「他人の邪魔をするとき」と決めている。「怒るときの基準を持て」と、別の高校の先輩監督に教わった。

Ｊが弱さを見せたり、感情のコントロールができないとき、教師としてサポートに徹した。「中学のときの失敗をくり返したくないんだよな？　だったら答えは出ているよな」と。

審判の判定が気に入らないとき。周囲の自分に対する、腫《は》れ物《もの》にさわるような態度が気にくわないとき――。何かあるたび、Ｊに何度も言い聞かせた。

過去と他人は変えられない。変えられるのは、未来と自分だけだ。

やがてＪも変わってくる。

勉強もがんばり、１年も経つとクラスで１位の成績をとるようになった。悪ぶるには十分なほどのエネルギーとポテンシャルをもともと持っていたから。「本気で変わりたい」と本人が思えば、行動にあらわれる。

Jは野球にもストイックに取り組み、力をつけていった。足の速さや打力を一層生かすため、ぼくは彼に外野を守らせたかったけれど、本人はどうしても投手にこだわった。わがままとは違う、彼なりの信念があった。

ぼくは外野の強化を差し置いても、彼の意思は尊重したかった。

彼にしかわからぬ葛藤《かっとう》もあった。

あるとき、Jが相談してきた。彼の中学時代を知るヤンチャな上級生たち（もちろん野球部ではない）が、今の彼を茶化してくるというのだ。

Jには以前から「親に言いづらいことは先生に言え。先生に言いづらいことは親に言え」と伝えてきた。悩んでいたのだと思う。

さっそく、上級生の教室にぼくが行く。

「ちょっと悪いけど、あんまりＪに茶々いれないでくれな。いや、お前らがＪをからかう気持ちはわかる。でも本人も変わろうとしているから」

ぼく自身、腹は立っているのだけど、ここでも力ずくは逆効果だ。

別のときには、「先生、ぼくは活躍しないほうがいいんじゃないですか」とも言ってきた。

野球で活躍するほど、過去の不名誉《ふめいよ》がクローズアップされるのだ。

地区や県の大会でいいピッチングをすれば、対戦相手の側でも「あの子、いいピッチャーだな」という声が出るが、彼の名前を知る者が「でも、あいつ中学時代に……」と話を掘り起こす。そんな雰囲気をＪも感じ取っていた。ジレンマがあった。

「過去は変えられないが、過去が持つ意味は変えることができる」

ぼくはJにそう話した。生まれ変わろうとし、周囲から認められはじめたからこそ、そんな悩みも出るのだと。

Jは3年生の夏、背番号を背負った。野球部、そして学校の代表として戦った。ぼくは試合でも彼を起用した。

彼が味方のプレーに「おっしゃ、ナイスショート！」などと全身で喜び、仲間を称える姿を見て、先輩のエラーに激高《げきこう》していた昔とはずいぶん違うな、とうれしかった。

Jは高校卒業後、この地方では誰もが知る企業に就職した。もっと言えば、Jにはいくつか就職先の選択肢《せんたくし》があり、より規模の大きな企業に就職することもできた。

しかしJは「自分は中学のときに失敗しているので、もう絶対失敗したくない。だから、自分の身《み》の丈《たけ》にあったところにしました」と言う。

その言葉は健気《けなげ》だが、どこか遠慮がちにも聞こえる。周囲の目やジレンマと闘《たたか》い、過去に負い目を感じながらも、過去の自分を払拭《ふっしょく》するために懸命にもがいてきた青年が抱く、独特の感覚なのだろうか。

「今はオレにとっても誇れるJだぞ。自分が選んだその会社で、自信を持ってやればいい。万が一、道を踏み外しそうになったら『いちばん強いのはボブ・サップ』だと思い出せ。でも、お前ならもう大丈夫だ」

ぼくはそう送り出した。

彼が卒業して1か月ほど経ったある日、ぼくに電話をかけてきた。

「父が、先生に話があるみたいで」と言い、Jは父親に代わった。

「先生、息子が初任給で、私と妻を食事に連れていってくれたんです。中学のとき、こんな日が来るとは思いませんでした。本当に先生のおかげです」

聞けば、この地区ではちょっとした高級レストランにいるようだ。「それは料理もおいしいですね」と言うぼくに、Jの父は声を詰まらせる。

「それが、私も涙が止まらなくなってしまって……。涙で料理の味がわかりません」

Jが非行に走った理由は、実は家庭にも原因があった。Jが中学生のころ、家庭内外でごちゃごちゃがあった。それをきっかけに、Jは中学生活や野球を投げ出していった。

その後、社会的な制裁を受け、親子ともに変わってきた高校3年間でもあった。

もちろん、Jのような更生した〝不良〟よりも、問題を起こすことなくマジメに歩んできた〝普通〟の子のほうが褒《ほ》められるべきだ、という意見もわかる。Jが中学時代にしたことや、当時まわりに与えた悪い影響は、見逃せるものではない。

ただ、何かのきっかけで道を踏み外す可能性は、誰にでもある。そこから立ち直ったことを、ぼくは大いに認めてあげたい。振り子と同じで、過去の失敗が大きいほど、より大きな成功へ振れる未来もあっていい。許すのも教育である。

Ｊの卒業後も、ぼくの野球部には学年にひとりや2人、また札付きのワルが入ってくる。

過去につき合いのあった不良グループにタバコを勧《すす》められたと聞けば、夜の10時にその集団のところへ行き、「すまんな」と話をつけてくる。

目的もなく学校をやめたいと聞けば、そいつの母ちゃんが勤める惣菜店《そうざいてん》にいきなり連れていき、汗水たらして働く親の姿を見せ、あらためてどう生きたいか問う。あいつ、「このコロッケの味は一生忘れません」とか言っていたっけ。家でも食べているくせに（笑）。

そして3年生になった夏、大会で見せる彼らのちょっとした姿に、成長を感じてうれしくなる。ぼくの監督生活はそのくり返しだ。

試合中にそんな感傷《かんしょう》に浸《ひた》っているから、いまだに甲子園に出られずにいるのかもしれないけれど――。

Story 6

ボッロボロの千羽鶴

なんの変哲もない公立高校の弱小野球部が……

子どもたちのがんばりが報われるのは、すごくうれしい。そのシーンを間近で見られるなんて、こんな贅沢《ぜいたく》なことはない。

「先生、オレら、歴史を変えたんですよね？」

「そうだ。よくやった」

＊

創部12年目。私が監督を務める高校が、夏の地方大会で3回戦を突破した。初の4回戦進出だ。

試合後の晴れ晴れとした選手たちの表情。最高だ。

ここは普通高校と農業高校が再編・統合された公立高校。周囲には田んぼが広がるのどかな町にある。

赴任《ふにん》した当時、野球部の夏の最高成績は地方大会3回戦で、秋、春の県大会出場も統合後に1度あるだけだった。

そんな田舎の弱小チームが、指導して5年目の夏に初の16強入りだ。その直前の春にエースとキャプテンが取っ組み合いのケンカをしたり、さまざまな苦悩を経験した選手たちは胸を張った。応援にかけつけた保護者もOBも誇らしげだった。

私も多くの人と、言葉のいらない固い握手を交わした。

2日後の4回戦の相手は、春夏40回の甲子園出場がある全国区の私立強豪校《きょうごうこう》。

「喜ぶのは今日だけだぞ。明日はもう、次の試合を考えような」

そう言って、試合会場から学校に帰ると……。

「すごいな！」

教室では選手の友人たちが待っていて、盛り上がっている。私も職員室で何人もの先生から「おめでとうございます！」と声をかけられた。

翌日。野球部にとっては4回戦前の貴重な1日だが、ほかの生徒や先生にとっては平凡な夏の1日……のはずだった。

「初のベスト16でしょ。しかも次は○○高校。これは応援に行くしかないでしょ！」と言う先生や、「先生、明日の試合、応援に行きたい！」と言う生徒は数えきれなかった。学校の興奮は収まっていなかったのだ。

「全校とはいかないまでも、希望者だけでも応援に行けないか？」

ついに、生徒会が動き出した。

放課後。私はグラウンドに向かうと、ウォーミングアップをしている選手をマウンド付近に集めた。そして、遠くに見える学校のホールの入り口を指差す。

「あそこを見てみろ。あれ、何をしているか、わかるか？」

「何をしているんですか？」と不思議そうな選手たち。

私は「明日の○○高校戦、ひとり2000円のバス代を自費でもいいから出して応援に行きたい生徒に、急きょ集まってもらったんだ」と説明した。集まった生徒はホールに入りきれず、あふれていた。

270人ほどの生徒が駆けつけたという。全校の6割近い生徒が「行きたい」と意思表示してくれたのだ。


それについての臨時の職員会議も開かれた。

実現したら野球部員だけでなく、応援に来た生徒にとってもいい記念になるな。

そんなことを思いながら練習していると、1時間ほどして生徒部長の先生がグラウンドにやってきた。

「どうでした？」

「先生、ごめん。まとまらなかった」

会議では「授業はどうするのか」「公認扱いにするのか」「行かない生徒の授業はどうするのか」「引率《いんそつ》は誰がするのか」など、多くの細かい問題が解決できなかったという。

生徒部長の先生は「ぜひ、連れて行きたい」と粘《ねば》ってくれたそうだ。「オレも腹が立ったから、『じゃあ、○○高校に勝ったら全校応援で行きますからね！』って言いました」と。

いや、ちょっと待って。「○○高校に勝ったら」って……。

白旗《しらはた》を掲《かか》げてはいないし、掲げるつもりもなかったが、「○○高校は手強《てごわ》い」。それが偽《いつわ》らざる本音だった。

それでも、練習前には「明日は○○高校だぞ。どうする？」と選手に問うと「勝ちます」と力強い答えが返ってきた。

「人生の中で何度、本気で闘うことがあるだろうか。明日の○○高校戦、自分のすべてを出し切って闘うには最高の舞台だ。勝負しに行くための練習を見せろ」

そう言って闘魂《とうこん》を注入し、練習の仕上げに入っていった。

選手たちは満足感などまったくない。気負ってもいない。いい練習だ。

これなら、闘える。

試合当日。ベンチから見える景色がいつもと違う。4回戦の重みか。強豪校のゲームだからか、平日なのに観客が多い。グラウンドもスタンドも選手たちまでもがキラキラ輝いて見える。

このステージに連れてきたかったんだ。

試合開始10分前。突然、生徒会の先生が飛び込んできた。

「先生！　これ！　応援に行けなくなったので、朝、全クラスに呼びかけたところ、鶴《つる》がこれだけ集まりました。今、生徒会の子が私の車で鶴と鶴を糸でつなぎながら来たので、ベンチに飾らせてください！」

ボッロボロのグッダグダで大きさもまちまちの千羽鶴《せんばづる》。だけど、美しかった。

「こういう思いが届いたぞ。ありがたいよな。がんばろうな！」

「はい!!」

生徒が応援に来られるかどうか、議論になっただけで十分うれしかったのに、応援に行けなくなったからと千羽鶴を作ってくれたなんて。

愛される野球部になったな。来たときとはえらい違いだ。

私がこの学校に赴任したのは、4年前だった。

その年の4月1日、部活は野球部で部長だと言われたので監督の先生にあいさつをし、部員数を聞くと、「9人」だと。ジャストか。「ところで、なんで今日は部活をやっていないんですか」と聞くと、「風が強いから、みんな帰っちゃった」。

翌日。9時練習開始だと聞いたので、8時30分にはグラウンドに出たのだが、誰もいない。

あれ？　普通、練習開始時間より早く来て道具を準備したり、軽く体を動かしたりしているものだよな。

違和感を覚えながらグラウンド整備をしていると、2人の選手がやってきた。

「なんで、人がいないの？」

「もうすぐ来ると思います」

9時30分に7人が集まった。ウォーミングアップもせずにキャッチボールがはじまり、好き勝手にボールを打つと、選手たちは1時間ほどで帰って行った。

さらにその翌日。保護者会の会長がやってきて、「今日の夜、飲み会をするから来い」と誘われた。行くと、会長ら幹事が4人いて、子どもたちや監督への文句を延々《えんえん》2時間、聞かされた。

「全然、練習をしない」「勝つ気がない」「あいつのプレーはダメだ」

選手は親を信用せず、ケンカをしていて監督のことは大っ嫌い。監督は親と話したくないし、選手のことを信じていない。生徒、親、監督（学校）がバラバラだった。

なんだ、これッ！

私はジョッキに残っていた半分ほどのビールをガーッと飲み干すと、ダンッとテーブルに置いた。

「オレが来たんだから、なんとかします！」

そう啖呵《たんか》を切ると、飲食代を置いて店を後にした。さんざん愚痴《ぐち》を聞かされて腹が立った。しかし、帰りの代行車の中で冷静さを取り戻した。

……なんとかするって、どうすればいいんだろう。

でも、やるしかないよな。

赴任4日目からランニングや体操をすること、きちんとキャッチボールをするなど、当たり前のことを指示するところからはじめた。

間もなく新入生が入学。部活の見学に来た生徒に「野球、やらないか」と声をかけると「中学でやっていたんですけど、高校はどうしようかなと思ってまして」と言う。その子に「どう思う?」とうちの練習の感想を聞くと、「ダラダラしていますね」と素直に答えてくれた。「だよな」と私は続ける。

「グラウンドも草だらけだしな。でもな、この部活、オレが変えるから。オレを信じて入ってこい。グラウンドの草もなくすし、2、3年生の部活の態度も変えるから。オレの言葉を信じられると思ったら入ってきてくれ」

中学で野球をやっていても、高校では続ける気がなく、この高校に入ってきた子も少なくない。「一応」と見学に来たものの、先輩たちはダラダラとしていて、高校野球のパリッとしたイメージからは程遠いチームだった。

でも、見学に来た5人が、「高校では野球をやらない」と考えていた他の生徒にも声をかけてくれて、なんと10人が入部した。

しかし、部員19人で臨んだ春の大会は2連敗であっさり終わる。

その夜、監督の先生に「オレが監督をやります」と電話を入れた。すると「できるんですか？」。

「こんなチームにしておいて、ふざけんな」と内心カチンときて、「もう部活に来なくていいですから」と突っぱねた。選手からは拒否反応があるのではないかと不安な気持ちになったが、「オレが監督をやる」と報告すると、「お願いします」と言ってもらえた。

そこからは猛練習の日々。彼らは筋肉痛に襲《おそ》われたが、これまではそれほどまともな練習ができていなかったということだ。練習試合も組まれていなかったため、他校に電話をバンバンかけてお願いした。

あっという間に夏が間近となり、私は校内に大会ポスターをたくさん貼った。野球部は花形であり、学校の中心だろう。だが、なんだか様子がおかしい。「野球部、もうすぐだよね」といった声が聞こえてこない。

あるとき、女子生徒数人が廊下でおしゃべりをしていたので、声をかけてみた。

「こんにちは。3日後に野球部、大会があるから応援よろしくね」

「え、野球部、チャラいからイヤです」

「最近は練習している姿を見るけど、今まで全然していなかったから、応援したくありません」


そうなのか……。

これまでの態度から応援される子たちではなかったのだ。

その上、試合前日にはエースでキャプテンの選手が「先生、明日が試合だと思うと緊張してご飯も食べられなくて」とベンチで寝ている。

チームでいちばんチャラい男が、小心者でそんな調子だった。

「ふざけんな、このッ！　お前、エースだよな。キャプテンだよな。お前がそんな状態でどうすんのや！　試合前日になってエースでキャプテンが『どうしよう、どうしよう』と練習しないなんて聞いだごどね！」

試合当日の朝、グラウンドでは選手たちが勝手に朝練をしていた。おそらく前夜、選手たちで話し合ったのだろう。仕切っていたのはエースでキャプテンだった。
「先生、昨日はすみませんでした！　今日、大丈夫ですから。オレ、投げます！」
試合は2対1のサヨナラ勝ち。ベンチは大騒ぎでスタンドの親たちも喜んでいた。

これが3か月前まで親は子どもの文句を言い、子どもは監督が嫌いだと言って練習に来なかったチームか。

保護者会長からは「先生のおかげで野球部は変われました。子どもたちの笑顔を見られたし、親もいっしょに応援ができた。先生には感謝しかありません。ここまでの2年間を考えたら、こんな最後が訪れるなんて思っていなかった。本当にありがとうございました」と頭を下げられた。

私は本当は、ずっと野球部の顧問をしたくないと思ってきた。

野球部経験者であることも隠してきた。高校まで野球をしてきたため、こう打てばいいとか、こう投げればいいという感覚がある。だが、それを人に教えるとなると話は別だ。自分の感覚があるがゆえに何を指導していいかわからない。教員になったのも野球部の監督をしたかったわけではない。部活はなんでもよかったのだ。

初任校では大学時代にやっていたラグビー部の顧問になった。1年目の部員はひとりだけだったが、その子もやめてしまい、まさにゼロからの出発だった。生徒に声をかけて部員を集め、「それでもタックルか！」なんて言っていっしょに泥まみれになり、2年目には大会に出られるようになった。

2校目もラグビー部を指導。花園《はなぞの》の予選や新人戦で決勝に進むなど、力のある学校だった。

3校目は赴任した年に女子校から男女共学になったばかりの高校だった。男子サッカー部の立ち上げが私の仕事で、サッカー経験者ひとりを勧誘。選手ひとりと、女子マネージャー2人でスタートした。

「サッカー部が楽しそう」とマネージャーが増えていった。2年目には男子部員も増えたのだが、女子部員も増え、3年目には女子サッカー同好会が部に昇格した。「さぁ、これから！」というときに転勤を言い渡された。校長に何度も食い下がったが、「転勤だ」の一点張りで4校目のこの高校に異動した。

やってられっか。

3校目をわずか3年で追い出された私は腐《くさ》りそうになっていた。そんな状態で高校教員になって、やりたくなかった野球部の顧問を初めて命じられた上、目の前にいたのは、やる気のない部員たち。そして、親だった。

ダメだ。腑抜《ふぬ》けになっている場合じゃない。

もう1回やるか、このやろッ。

スイッチが入った。部員たちは野球へのモチベーションがなく、大人を信用していない。親からも同じ学校の生徒からも応援されない。そんなスタートだったから、4年後に野球部の応援に行こう！　と学校が動いたことは奇跡だったのだ。

＊

そんな初めての4回戦は初回に2点を奪った。学校では速報に盛り上がっていたらしい。

しかし、中盤で逆転され、コールド負けした。さすがの私立強豪校。私たちの120％の力でも勝ち切ることはできなかった。でも、全校生徒のパワーで一矢《いっし》は報いた、そう思っている。

後日、ある先生からこう言われた。

「この学校の生徒は誰かを応援するという気持ちや母校愛がない。そんな生徒たちがここまで動くとはね。野球部のがんばりが学校を、生徒を動かしたんだね。驚いたよ。ありがとう」

うれしかった。

「生徒の笑顔が見たい」と、ラグビー部でもサッカー部でも、そして野球部でも私は生徒のためにやってきただけだ。

生徒が人間なら、私も人間。「生徒と先生」では信頼なんかされない。きれいごとかもしれないが、私は「人と人」だと思って、ぶつかってきた。その軸をブレさせずに部活動を指導してきた30年。そのうちの野球部でのひと夏。

選手が「歴史を変えた」と輝き、学校が動いたあの夏を、私は忘れない。

Story 7

メジャーリーグに行きたい

メジャーの夢もプロの夢も、何度もあきらめたが……

メジャー、かっけぇ！

小学校の夏休みのこと。ラジオ体操を終えて朝食をとった後、メジャーリーグのテレビ中継を見るのが日課だった。とにかく熱心に見ていた。

小学3年から少年野球チームに入団し、イチロー選手が大好きだった。

夜に見るのは日本のプロ野球中継。

日本の夏といえば甲子園だけど、昼間は友だちと遊んでいたため、甲子園へのあこがれはなかった。

プロ野球に行ければいいでしょ。その後は、メジャーリーグに行くんだ。アメリカに渡って野球をやるんだ。

そう思っていた小学6年の夏のこと。地元の高校が地方大会を勝ち上がった。

「○○高校がすごいらしいよ」

決勝戦を見に行くと、地元の高校は接戦を制して甲子園出場を決めた。優勝の瞬間、3塁側スタンドはお祭り騒ぎ。プレーしていた選手たち、めっちゃ、カッコいい！

応援ツアーに参加し、甲子園にも行った。外にいるとき、前の試合の「ウワーッ」という歓声《かんせい》が聞こえ、気持ちが高ぶった。いざアルプススタンドに入ると、球場はまばゆく見えた。バックスクリーンもきれいだった。ただただ、心がふるえた。

試合は途中で逆転したが、9回に追いつかれ、延長11回サヨナラ負け。
アルプススタンドはシーンと静まり返った。でも、選手たちがスタンドにあいさつに来ると、「がんばったぞ！」「よくやってくれた！」との声が飛び、感動した。
彼らはヒーローだった。

甲子園への興味が急にわいてきた。

中学では迷わず、野球部に入った。
甲子園、プロ野球選手、そしていずれはメジャーリーガーになるために――。

ところが――。
無理だわ。メジャーなんて、果てしない。プロ野球すら無理だ。こんなチビじゃ、行けるわけがない。

そう、身長が伸びなかったのだ。小学6年のころは真ん中くらいだったのに、中学に入ると前から2番目になった。

それに、みんなで野球をやるのは楽しかったけど、試合後のランニングなど「なんで、こんなことをしているんだろう？」と合理的でないと感じる練習もあり、野球が嫌いになった。

でも、中学に入るときには１５０センチもなかった身長は年々伸びていった。甲子園へ行きたい気持ちも残っていたから、あの甲子園に出場した地元の高校に進んだ。

もう一度がんばろう。

1年秋からベンチ入りし、2年秋からエースナンバーを背負った。3年春は大会中に右肩を痛めたが2週間ほどのリハビリで痛みは癒《い》え、夏の大会に間に合った。

高校野球最後の夏。私はエースとしてほとんどの試合を完投。地方大会を勝ち上がった。

そして、あの甲子園出場以来となる決勝進出を果たす。

勝てば、甲子園。それしか頭にはない。

いつもどおり、先発のマウンドに向かう。ここまでだいぶ投げてきたけど、疲れはない。

ところが、7回くらいから体が重く感じるようになった。1対2から突き放され、最後もなんでもないセンターフライで、ゲームセットとなった。

私の高校は決勝まで進むと負けたことがなかったが、それを壊してしまった。

スタンドにあいさつに行った。もう、本当に終わったんだ。このチームでは野球ができなくなる……。涙がじわっとあふれてきた。

だが、涙はこれで終わらない。

アイシングなどを終え、最後に球場の外に出ると、そこには2年生まで監督をしていた先生が立っていた。先生は先輩方が甲子園に出場したときも監督で、私が3年生になるとき、異動していた。異動の際、「お前が甲子園に連れて行け」と熱い言葉をかけてもらい、「わかりました。連れて行きます」と約束した。

1年生のときには「将来、何になりたいんだ?」と聞かれ、「プロ野球選手になりたいです」と答えると、「プロに行くためにがんばれ」と温かく見守ってくれていた。

その先生が見に来てくれていた。

先生と握手したときに涙腺《るいせん》がまた決壊《けっかい》した。

その日、学校に戻ると部長の先生から「進路、どうする?」と聞かれた。

就職するか、進学するか迷っていたが、「やっぱり、野球をやりたいな」と思い、大学進学の希望を伝えた。

8月下旬。甲子園出場時に選手だった方にお世話になって、その人の母校の大学のセレクションを受けた。控え室に入ると、強豪校《きょうごうこう》のユニフォームを着た選手たちばかり。こいつらといっしょに受けるのか。来るところ、間違えたな……。

でも、ブルペンに入ったら強豪校の人たちがすごくは見えなかった。案外、行けるのではないか……。調子もよく、いいボールを放ることができた。その日のうちに合格をもらい、私は大学で野球を続けることになった。

大学でがんばって、プロに行くんだ！

その決意で大学野球をスタートさせ、リーグ戦には1年秋から登板した。2年春も投げたが、夏に右肩を痛めた。監督の期待も大きかったんだろう。監督の前で200球くらい投げる日もあり、あるとき、とうとう体が悲鳴《ひめい》をあげた。

3年生になり、肩の痛みはなくなったが、投げ方がおかしい。どうやって投げればいいのか、わからない。歯車《はぐるま》が狂った。

4年生の春、監督室に呼ばれた。監督は「就職、どうするんだ？　野球はやりたいのか？」と言った。私は答えた。

「野球、やりたいです」

無意識で答えていた。大学でレベルの高さを痛感したうえ、ケガをしたことでうまくいかなくなり、プロ野球選手になることも、ましてやメジャーリーガーになろうなんて夢も消えていた。

そう、1ミリもなくなっていたはず。一般就職をしようかなと思っていたのに、「野球、やりたいです」と答えたことに私がいちばん、驚く。

オレ、野球、やりたいんだ。

まだ、野球をやりたいんだ。

目標を失い、ただ闇雲《やみくも》に練習していたが、それからは社会人野球でプレーすることがモチベーションとなった。

社会人になってからは、1日たりとも野球がイヤになった日はなかった。むしろ、野球が好きになっていく一方だ。

社会人ともなると、指導者の強制は少なくなり、自分で考えて練習ができる。勉強したい気持ちがどんどん増して、本を読んだり、インターネットの情報や動画を見たりして知識を得て、「これはいいな」と思えば、自分で試していった。

その環境がぴったりだったのか、大学時代に144キロだった球速は社会人1年目で148キロに到達。2年目には150キロを超えるようになり、最速は152キロにまで伸びた。

しかし、プロ野球のスカウトが視察に訪れても、調査書が届くことはなかった。

2年目の秋。以前から、「お前は独立リーグに行ったほうが、プロになれるチャンスがあるぞ」と言ってくれていた先輩と食事に行った。そのときもその話になり、「そうかもしれないですけど」とあいまいに答えた。

もう1年、このチームでプレーし、全国に連れて行ってプロに行きたい。それが会社への恩返しにもなるはず――。

それから数日が経ち、「オレは最後、野球選手としてどうなりたいんだろう」と考えた。昔から海外へのあこがれがある。

参考にしているのも、アメリカの野球情報が多い。アメリカで行われていることを自分で経験してみたい。日本でプロになることがすべてじゃないはずだ。他の国に行って野球をやるのもいいのではないか。

あふれてくる思いをノートに書きつづった。

チームの人には驚かれたが、独立リーグの練習に参加させてもらうなど、次の道を模索《もさく》した。そんなある日、ツイッターを見ていたら、メジャーの球団の入団テストが日本で行われることを知る。エントリーはギリギリだったが受験することができ、球速は95マイル（153キロ）をマークした。

「残ってくれ。サインをしてほしい」

その一言で、道が決まった。私はメジャーの球団とマイナー契約を結んだのだ。

子どものころ、夢中になって見ていたメジャーリーグのテレビ中継。甲子園で活躍することよりも、プロ野球選手になるよりも、メジャーリーガーになりたかった。野球を続ける中で何度も挫折《ざせつ》し、あきらめてきた夢。

そのスタートラインに立ったのだ。

野球人生でいい思いをした記憶はない。
小、中と目立った成績はないし、高校では甲子園まであと一歩のところで敗れた。
大学でもうまくはいかなかった。
社会人でもチームを全国に連れていくことができなかった。

でも、それらすべてがはい上がるエネルギーになった。
甲子園に出場していたら高校卒業後は就職していたかもしれない。甲子園で投げていたらプロの夢もなくなっていたかもしれない。大学時代のあの時間がなかったら、ここまで野球に熱心になれただろうか。

今の目標、それはメジャーで投げること。

小学生のときに抱いた夢をかなえるため、私は海を渡る。

Story 8

いちばんになる夢

有望選手としてプロをめざすが、ケガをしてしまい、出した結論は……

カーン！

第1回WBC（ワールド・ベースボール・クラシック）の準決勝、韓国戦で福留孝《ふくどめこう》介《すけ》選手がホームランを打った。野球に魅了された。5歳のときだった。

そこから、毎週土日、お父さんと野球をするようになった。

父は自転車、ぼくは走って近所の河川敷《かせんしき》に向かい、お父さんが投げて、ぼくが打つ。ぼくが投げて、お父さんが受ける。お父さんがノックして、ぼくが捕る。

夕方、真っ黒になって帰宅し、お父さんとお風呂。

「どんどんうまくなるなー」

「うん！　ぼく、ぜったいプロ野球選手になるよ！」

お母さんが用意してくれていた夕飯が、とてもおいしかった。

小学生になって学校の野球チームに入ると、体が大きく力もあったぼくは、あっという間に活躍できて、小6のときには、プロ野球のジュニアチームにも選ばれた。

シニア時代はケガもあってピッチャーはできなかったけど、チームの主力として活躍。シニアの全国大会にもジャイアンツカップにも出て、高校野球に向けて手応えも感じていた。

いくつか誘っていただいた高校の中から、「ここなら甲子園に行ける」「この監督のもとなら自分も上達できる」――そう感じたところを選んだ。

チームが勝たなきゃ面白くないし、自分もいちばんにならなきゃ！

入寮《にゅうりょう》するまでの約半年間も、シニアのグラウンドで練習し、平日は野球塾にも通って高校に備えた。やる気満々だ。

いよいよはじまった高校野球。練習も、上下関係も、寮生活も、とても厳しい。でも、自分ならやれるはず。1年夏から2つ上の先輩たちに割って入って試合に出るのは難しいだろうけど、がんばれば1年秋からなら試合に出られる。

でも、入学早々のゴールデンウィーク、ヒザに激痛が走った。中学時代から痛めていながら、治療せず放置してきたところ……。体が硬いのに、ストレッチなどケアをせずやり過ごしてきたツケが回ってきたんだ。

しばらく様子を見ていたけれど痛みは治まらず、夏前に病院に行くと、ヒザの軟骨《なんこつ》がはがれ、関節の中に入り込んでいた……。もう手術するしかない状態だ……。

2つ上の先輩たちが、地方大会を勝ち抜き、甲子園でも快進撃を見せていたころ、ぼくは病院のベッドの上にいた。

ショックだったのは、「全治《ぜんち》半年」の言葉。復帰するまでそんなに時間がかかったら、1年秋どころか、冬合宿にも出られない。2年春にも間に合わない！

同級生が試合に出はじめているのを見てガマンできなくなり、術後わずか2か月しか経っていない10月ごろ、自分の判断で練習をはじめてしまった。指導してくれる方から「まだやるなよ」と言われていたし、仲間からも心配されたけど、後先なんて考えられない。とにかく練習したい。

その後の冬合宿も、〝ヒザを休ませる〟という選択肢《せんたくし》はぼくにはなく、仲間に「大丈夫かよ」と心配されながら全部のメニューをこなした。

春こそ、ベンチに入るんだ。

だけど、春のメンバーを決めるころ、ヒザがまた悲鳴をあげた。動かない。感覚がない。治っていないのにキツい練習を続けていたから、限界が来てしまった。

でも、もう1回手術をして、リハビリをして、半年後に戻って、それから体を作ったんじゃ、自分の代の試合にも間に合わない。同級生がAチームに入って先輩たちと試合に行く中、ぼくはBチームの試合にも出ることができない。

絶望《ぜつぼう》の淵《ふち》にいた。

悶々《もんもん》と過ごす中、野球がやりたくてたまらなくなり、コーチに「4月29日のBチームの練習試合に連れていってください。その日だけでいいですから」と頼み込んだ。よく自主練にもつき合ってくれるコーチ。ぼくのヒザの状態もわかっていたけど、ぼくがここまで頼み込んだことで何かを感じたんだろう、試合に連れていってくれた。しかも、〝1番・センター〟のスタメン。「1打席目でホームランを打つしかないな」なんて、久しぶりにワクワクする。

でも、試合前ノックのとき、痛みを隠してやっていることが副部長にバレてしまった。「痛いなら帰れ！」と。

副部長も「今は無理するときじゃないだろう」という優しさから、強い口調《くちょう》で言ってくれたんだろう。でもぼくは、「痛くても試合に出たい。もうダメかもしれないから、今日だけは試合に出たい」。その気持ちしかなくて……。

気持ちが切れてしまい、荷物をまとめてグラウンドを出た。

そして、帰った。寮ではなく、自宅に。

野球はもうやめよう。

この学校には野球をやるために来たんだから、学校もやめよう。

その夜、コーチが自宅に電話をしてきた。「戻ってこい」「とにかく話をしよう」と。「いやです」と言ったけれど、母にうながされ、母の車に乗った。家と学校の中間あたりでコーチと会って話し、「あとは寮で2人で話そう」と、コーチはいやがるぼくを自分の車に乗せた。

寮に戻ってからも、コーチの部屋で朝4時ぐらいまで話した。ぼくがこんな状態で苦しいことも重々わかってくれていたし、コーチがぼくを思ってくれている気持ちもすごくわかる。でも、野球ができないのに、ここにいても意味がない。やめるしかない。

コーチが寝たのを見計らって、寮を飛び出した。

太陽が昇るころ、ヒザの痛さなんて忘れて、無我夢中《むがむちゅう》で駅に向かって走る。

けれど、コーチが追いかけてきたんだ。

追いつかれた。そして……。

「お前が苦しいのはわかる。お前の性格だからこそ、よけい苦しいだろうよ。でもな、このチームにはお前が必要だ。最後までいっしょにやろう」。

コーチの目に涙が見えて……ぼくも、大泣きしてた。コーチの熱意に負けた。

このコーチのもと、このチームで、最後までやろう。

それが、ぼくの17歳の誕生日、4月29日から30日にかけての出来事だった。

チームには残ったものの、ヒザの痛みを抱え、目標を失ったまま、今後、どうしたらいいかわからない。

が、ある日、ふと思った。

マネージャーになったらどうだろう。

毎年、学年の中から誰かがマネージャーになるのだけれど、ぼくらの代はまだ決まっていない。選手でいちばんにはなれなかったとはいえ、このチームをいちばんにするようなマネージャーになったらいいんじゃないか。

さっそく仲のいい片山というヤツのところに相談に行ったら、「ありえないでしょ」と返された。ほかの選手たちも、「ないない」って。

ぼくは一応、この高校に有望選手として入ってきたわけで、みんな「今はケガをしてるけど、お前は大事な戦力だ」と思ってくれていたみたい。それと、こんなに野球でいちばんになりたがっていて、我《が》が強いぼくがマネージャーだなんて、みんな考えられなかったんだと思う。

でも、それからしばらくした夏の大会直前、片山がぼくのところに来た。

「考えたんだけどさ……やっぱ、お前、マネージャーやってくれ！　野球の知識もあるし、みんなに強く言える性格だし、お前がやったらこのチーム強くなる」って。

片山は、ぼくのヒザの状態をよく知っていて、この精神状態でぼくが選手として続けていくのはつらいだろうってことを悟《さと》ってくれたんだ。

気持ちが固まった。

マネージャーになる！

でも……ということは……選手生活は終わり。

ぼくは、片山の前で、泣いていた。

もっとつらかったのは、それを両親に伝えることだ。

小さいころからずっと応援してくれていた両親。なんて言うだろう。

でも、伝えなきゃ。母に電話をした。

「お母さん、オレ、もう野球はしない。マネージャーになったから」

母は、一瞬言葉に詰まったようだったけど、

「そっか……わかったよ。お疲れさま」

悟っていただろう母、覚悟もしていただろう。電話の向こうで泣いているのがわかり、ぼくも泣いてしまった。


数日後、外出できる日に、両親と妹が来て、寮近くで食事をした。

父は母から〝そのこと〟を伝え聞いているだろうけど、でも、父には直接言おうと決めていたから、意を決して切り出す。

「お父さん、オレ、体がもうダメで。中途半端にやるのはいやだから、マネージャーになる。決めたから」

父は、「後悔しないか？」と。

ぼくを責めたり、「ここまでやってきたんだからもう少しがんばってみたらどうか」などとはいっさい言わず、ぼくを思いやるだけのその一言……。

「後悔は……しない。決めたから」

「わかった。野球をやるのは終わりだな。これからはチームのためにお前らしくやっていけよ」

「うん」

涙がボロボロ落ちてきて、うなずくので精いっぱい。

母も、妹も、泣いていて、父は、静かにうなずいてた。

別れ際、父は言った。

「ゆっくりでいいからな」

母もまた、目に涙をためて言った。

「つらくなったら家に帰ってきていいからね。野球部やめてもいいから！　学校もやめてもいいから！　帰ってくるところはあるからね！」

ぼくが野球をするところを、いつも楽しみにしていてくれた両親が、こんなふうに言ってくれている。野球がすべてだったぼくが、野球ができなくてどれだけ苦しいかを、わかってくれていたんだなぁ……。

家族って温かい。

よし、マネージャーとして絶対、甲子園に行く！

それからは、チームを強くするためならなんでもやるマネージャーになった。

練習の準備や遠征時の道具の準備、試合中はベンチに入ってスコアをつけ、終わったらデータ整理。相手校の戦力分析もやったし、選手の自主練につき合ってティーもあげた。体のことを考え、寮での食事管理もしたし、選手たちに休息もうながす。

それだけやっても秋はまったく結果が出ず、「オレがこんなにやってるのに、なんで勝てねぇんだよ」とイライラしたこともあった。

でも、冬を越え、春になったころにはすごくいい形になった。

片山が言っていた、〝みんなに強く言えるマネージャー〟にぼくがなっていくうち、前年に続いて甲子園に行って勝つ手応《てごた》えをも感じられていった。

迎えた夏の大会、チームは順調に勝ち上がった。暑さとの戦いで、毎日みんなの体調管理。試合後には経口補水液《けいこうほすいえき》「ＯＳ１《オーエスワン》」をすぐ飲ませたり、超音波を当てたり。みんなにベストな状態で臨《のぞ》んでほしかったから、やれることはすべてやる。

甲子園まであと2勝に迫った準決勝。先制したけど、逆転され、突き離され……。
ベンチでスコアをつけながら、ぼくは必死で選手たちを励ます。
そこから追い上げたけれど、追いつくことはできず――。
負けた。

応援スタンドにあいさつに走ったとき、いっしょにがんばってきたベンチ外の仲間が大泣きしながら「お疲れーー！」って叫んでくれているのが見えて、一気に涙があふれてきた。そこから見上げた空はとても青く……。
この青空を、甲子園でも見たかった。

＊

あれから2年、ぼくは、甲子園も、プロ野球も見ていない。
正確には、「見られない」。

小学校時代にぼくといっしょにジュニアトーナメントに出ていた同い年の選手が甲子園で優勝してドラフト1位でプロに入ったり、中学時代、ジャイアンツカップで戦った選手がプロ入りして1年目から活躍していたり。

一方、ぼくは、野球が好きすぎて、練習をしすぎて故障した。いや、小さいころから、自分を過信し、うぬぼれて、体のケアも怠《おこた》って、取り返しのつかない故障をして、ケガに負けて、野球人生が終わった。

ケガさえなければ、ぼくだってプロになれたんじゃないか、って思ったりして、プロ入りした同級生を見るのは、まだキツい。

でも、あのとき、選手を断念してマネージャーになったことに後悔はない。逆に、マネージャーにならなければ経験できないことを経験でき、感じられないことを感じられたので、よかったなって。

正直、「選手として出られないなら甲子園なんて行かなくてもいい」なんて思っていたのに、これだけ本気でマネージャーをやって、これだけ強く「甲子園に行きたい」

って思うようになったなんて。自分としても不思議だった。
引退後、仲間から、「お前がマネージャーになってくれたから、こんないいチームになった」と言われたこともうれしく、今まで自己中ぎみだったぼくが、人のために何かをする喜びも感じられるようになった。

あぁ、これが、成長ってものなのかな……なんて。

甲子園に出ることも、プロ野球選手になる夢もかなえられなかったけど、ぼくはその後、新しい夢を見つけ、必死で勉強してアメリカの大学に入った。
まわりに日本語を話せる人なんていない場所での生活は、ほんとに大変だけれど……日々勉強、日々経験の毎日が、とても充実している。

あの3年間があるから今がある。もっといっぱい勉強して、いっぱい経験をして、将来は日本人に役立つ仕事をしたいと思っている。

Story 9

中学2年の夏。私は人生が変わった

女子マネージャーとして奮闘し、その後、栄養士となる

私は今、とある大学の野球部の合宿所の食堂で働いている。

短大で栄養士の資格を取り、ようやく社会人1年目が終わったところ。

この仕事に就《つ》いたこともそうだけど、高校野球と出会って私の人生はガラリと変わった。


もともとは人見知りがすごくて根暗《ねくら》。小中学校時代は女の子同士の人間関係に悩むこともあった。

中学2年の夏は、そうしたことに落ち込んで学校も楽しめていなかった。

「自分を変えたい」、そんなときに出会ったのが夏休みに見た甲子園。父の母校が、甲子園で快進撃したのだ。

その強さだけじゃなくて、1球1球を真剣に全力で追いかける姿、みんなで力を合わせて戦う姿に感動！

私は「この高校の野球部女子マネージャーになるんだ」と心に決めた。

大好きなもの、めざしたいものが見つかった。

当時は国立大学の附属中学校に通っていて、お父さんは最初、私の案に大反対だった。ひとり娘で厳しく育てられたし「男子ばかりに囲まれて部活動をするなんて！」という感じ。それでも夕食のたびにお願いした。

中学校の野球部の先生にはスコアブックをもらったり、スコアの付け方を教えてもらった。そんな姿を見てか、叔母が「そんなに情熱持てることを自分で見つけたんだから、やらせてあげれば？」と父を説得してくれ、ついに父も許してくれた。

学校のほかの子は進学校に進む子が多いから、父はそっちに進んでほしい気持ちもあったと思うけど、私はこの高校に進んだ。

入学当初は想像と違ったりしたものもあった。練習のサポートだけでなく洗濯などの仕事もあったし、選手たちの寮《りょう》が近い分、練習も夜遅くまで。最高学年になったら最後までいないわけにもいかないので、帰るのは早くて21時、遅くて23時。

勉強も本当に苦労した。宿題は休み時間にもしたり。まわりには遊んでいる子もいてうらやましくなることもあった。

でも「野球部のマネージャーになる夢をかなえられた」という喜びもあったし、部活動も楽しく、充実していた。

高校1年と2年の夏は先輩たちが県大会を優勝し、甲子園に連れて行ってくれた。アルプススタンドに着くと、人の多さに驚く。「360度、人しかいない！」って（笑）。観客の方や応援の声がすごくて圧倒された。

自分たちの代でも、絶対に甲子園に出るんだ！

でも、選手とぶつかることも当然あった。つらかったこともある。とくに上級生になってからは。

秋の大会でチームが勝ち進みセンバツ出場が決まって、「チームを支える裏方」としてあこがれていた雑誌にも載《の》ってうれしかった。でも、各雑誌などへのアンケートや集計作業をする仕事に終われて、選手と接する時間が減っちゃって。

同期にマネージャーがいなかったこともあって、後輩に教えることも多くていろいろ悩む。

「チーフマネージャーとして、チームをうまくまとめることができてないんじゃないか？」

「自分じゃなくて選手が（記録員としてベンチに入って）スコアを書いたほうがいいんじゃないか？」

さまざまなことを考える。

でも、そんなとき……、

「学年唯一のマネージャーなんだから、お前がいなきゃチームがまとまらない。がんばれよ」

そう声をかけてくれた選手や、選手とぶつかった後に私のところに来て笑わせてくれる選手もいて、なんとか乗り越えられた。

甲子園のベンチに入った瞬間は、もう、「夢がかなった瞬間」。

私も選手も緊張していたけれど、アルプスはもちろんベンチの上のスタンドからも温かい声をかけてくださった。こんなに自分たちのチームは応援されているんだな。

結果は初戦敗退。あっという間に試合が終わって、あっという間にホテルに帰って、あっという間に地元に帰って（笑）。

それでも地元に帰ってもたくさん温かい声をかけてもらった。

＊

もし戻れるなら、あのセンバツのころに戻りたいな。

「もっとこうしたら」という思いが強いから、チームのサポートをやり直したい。

夏は甲子園に出られなかったから、テレビも見られなかった。決勝で負けた相手の試合は見ようと思ったが、涙が出てきて見るのをやめた。


でも、いい青春だったと胸を張って言える。

支える立場だったけど支えてもらうことも多くて、感謝している。忍耐力とコミュニケーション力もたくさんついて、それが今の私の原動力にもなっている。


何よりも人間として大きく変わることができた。

高校野球が私の人生を救ってくれた。

栄養士になったのは選手をサポートしたいことに加えて、もうひとつ。マネージャーをしていた高校2年の冬に母が脳卒中で倒れたから。そこで食事の大切さをあらためて感じた。

いつかはまた、大好きな野球にもっと深く携わる仕事がしたい。野球関係の栄養士をしたい。

あとは3年間お世話になっていた高校にも恩返しをしていけたら。

そして、マネージャー時代に支えてもらった家族も、今度は自分が支えていきたい。

やりたいことは、たくさんある。

Story 10

監督のいちばんつらい日

もっとも努力した3年生の2人を、夏の大会のベンチに入れるか？

正直に告白します。

高校野球の監督をやっていて、いちばんつらい日――それは、夏の大会のメンバー発表の日です。

私の県の場合、6月下旬の指定期日までに、大会でベンチ入りする20人の登録メンバーを提出します。これ以降のメンバー変更は、ケガなどで医師の診断書が出る場合を除き、認められません。

そこで、本校の野球部では期日に合わせ、夏の大会のメンバーを発表します。

数年前のある夏のこと。野球部の3年生は13人いました。ベンチ入りの人数は20人なので、3年生全員がベンチ入りすることは数字上は可能となります。

そのうちのひとり、I君は高校から野球をはじめた部員です。

私自身は、彼らが2年生になった4月に他校から転任してきました。そのため、彼の入部の経緯は最初は知りませんでした。ただ初めて見たとき、ほかの12人とはかなり技術的な差を感じました。投げ方がややぎこちなくて「あれ？」っと思っていました。体格がよいわけでもなく、身体能力も平均を下回っています。

けれども、彼は誰よりも努力しました。プレーはめきめきと上達。打撃に関しては他の選手たちとまったく遜色《そんしょく》がない域に達しました。

本校では、朝練は個々の判断に任せていましたが、彼は毎朝必ずいました。帰宅後も家で自主練習。彼の野球ノートにつづられた自主練習のメニューは、私を驚かせるほどの量です。彼のぼろぼろの手や上達ぶりを見れば、それが嘘《うそ》ではないとはっきりわかります。

なによりも、彼の努力はチームにもよい影響を与えてくれました。そのひたむきさで誰もが一目置《いちもく》く存在。全部員が間違いなく「いちばん努力した選手」にI君の名を挙げることでしょう。

もうひとりのM君は、高校1年の夏、母親を亡くしています。まだ幼い弟たちの世話をしなければならず、勉強と家事を両立させながら、本当に厳しい環境で部活を続けてきました。

野球の実力こそ十人並みでしたが、持ち前の明るさで、チームのムードメーカーです。練習試合などではつねにベンチの最前列で声を出します。

でも、彼は何度か、練習を休むことがありました。そのとき彼は、私の携帯電話に涙声でこう電話してくるのです（今は禁止されてますが、当時、携帯電話に連絡するのはOKでした）。

「風邪をひいて寝込んでいる弟の看病をしなければならないので、練習に行けません」

彼が意を決して連絡をしてきたことは、電話越しに伝わってきます。彼を含めて部員たちは皆まじめで、体調管理にも気を配っているため、普段から練習を休む人などいない雰囲気だからです。

もちろん、私も彼の背景は知っているので、家庭事情での欠席をとがめることはありません。「そうか、ゆっくり看病してやれよ」と電話を切ります。

しかし、実力的にはベンチ入りギリギリだった彼にとって、練習や練習試合の不参加を監督に申し出ることは、どんなに勇気がいったことでしょう。

休んだ分を挽回《ばんかい》すべく、彼もよく練習しました。

この2人をどうするか。

夏の大会が近づく中、勝利に向けて、考えに考えを重ねた末の決断をしました。

6月下旬の土曜日がメンバー発表の日。

その日の練習でも、I君は真っ先にグラウンドに出て黙々とバットを振り込み、M君は声でチームを盛り上げていました。

練習後、部員全員をベンチ前に集め、順に背番号を渡していきます。

私がI君とM君の名前を呼ぶことは、最後までありませんでした。

「当然、3年生は全員ベンチに入るだろう」と予測していた3年生たちの間で一瞬、時が止まったようでした。愕然《がくぜん》としたムードが漂ったのを、私ははっきり感じ取りました。

その直後。

重い空気を切り裂くように、彼ら2人が突然笑顔で「がんばろう！」「絶対甲子園に行こう！」と声をあげたのです。

私がミーティングの輪を解き、部員がそれぞれ用具の片づけに向かおうとするときでした。

彼らが初めて涙を見せたのは、帰り際に私が2人を呼び、「すまん」と頭を下げたときです。

ベンチを外した理由を、2人には包み隠さず説明しました。チームの構想上、それぞれのポジションにレギュラーと控え選手を置きたいこと。その中で、2人が守るポジションには、特徴ある選手が下級生にも複数いること。ともに打力が伸びてきたことは認めるけれど、チーム全体の守備力を犠牲《ぎせい》にして「代打の切り札」として起用するには、まだ力量が及ばないこと……。

申し訳ないが、君たちをベンチに入れることはできない。

「来週の練習試合で、最後の出場機会を君たちに用意する。そこで3年間培《つちか》った技術を発揮し、その後は裏方としてチームのサポートに回ってほしい」

非情な通告の後、彼らにそう頼みました。

彼らは必死に涙をこらえようとしましたが、涙がぽろぽろと頬《ほお》を伝っていました。

だから、高校野球の監督をやっていていちばんつらいのはこの日。

毎年思います。夏の大会が永久に来なければよいのに……と。

普通の公立校のわが校は、常勝を宿命づけられているわけでもありません。3年生の人数がベンチ入り上限より少ない今回、普段の努力を認めて、3年生全員に背番号を与えることだってできました。

しかしそれを私がやると、チームに対して失礼だと思うのです。

ほかの3年生11人も、2年生も、1年生もみながんばっている。単に「3年生だからベンチに入れよう」と考えるのは、どうしても違う気がしました。

部員の中から「このメンバーで勝つ」という布陣《ふじん》を私の責任で選び、決断する。必然的に、そこから外れる者もいる。

日ごろの彼らのがんばりを誰よりも近くで見ているからこそ、私もつらいのです。

発表の翌日は日曜日で、朝から本校のグラウンドで練習試合が組まれていました。

私は選手たちの動きが気になり、いつもより早めにグラウンドに出て、片隅からのぞいてみました。

真っ先にグラウンドに入ってきたのは、やはりI君とM君でした。

彼らは練習試合がスムーズにはじめられるよう、率先して準備に取りかかっていました。

そして、私を見つけるや、まっすぐにこう言いました。

「監督、来週の練習試合、ぼくらの打席の分も、ベンチ入りするメンバーに打たせてあげてもらえませんか？　どうしても、メンバーにはがんばってほしいんです」

「……」

胸にこみ上げるものを感じながら、私は彼らに救われた思いがしました。

だからこそ、夏の大会は、絶対に負けられないのです。

Story 11

やりたいことをやりとげるために

野球部で唯一の女子マネージャーになるためにやったこと

私は5人兄弟の末っ子。お兄ちゃんが3人、お姉ちゃんがひとりいる。お兄ちゃんは全員野球をやっていて、小さいころからいっしょにボール拾いをしているうちに、私も野球が好きになった。

お兄ちゃんが高校生になると、地元の球場で試合を見に行くこともあった。ウグイス嬢のアナウンス、カッコいいー。自分もやりたい!

高校の試合でウグイス嬢をできるのは野球部のマネージャーだけ。でも、私が行きたい高校の野球部は女子マネージャーを採らない方針だった。

その高校はいちばん上と2番目のお兄ちゃんの母校。2番目のお兄ちゃんがそこにいたときに市をあげての強化がはじまり、中学野球で何度も全国制覇に導いた監督が来ることになった。

それまでは弱小校だったのに、甲子園初出場も狙えるチームに成長。

監督は厳しい人で、マネージャー希望を断られることはわかっていたけど、どうしても行きたかったから、進路は変えなかった。

入学して、部長にマネージャーをやりたいとすぐに相談。

でも、「マネージャーとして受け入れるのはちょっと難しい」と言われた。やっぱりダメか。

そこで私は直接、高野連《こうやれん》に行って、「ウグイス嬢をやらせてください」と頼むことにした。最初は「誰や、お前」みたいな態度をされたけど、名前と学校名を伝えたら、「お兄ちゃんがおったな」と受け入れてもらえた。

試しにアナウンスを一度やらせてもらうと、評価は上々。

そこからはずっと地元の球場でウグイス嬢を続けた。そのことを監督や部長も知ってくれていて、「いつもありがとう」と言ってくれたのが、うれしかった。

それが2年生の途中まで続いて、とても充実した高校生活を送っていた。

でもある日、教室で野球部員が負けた試合の話をしているのを聞いて、「マネージャーをやりたい」という気持ちがまた強くなる。


2年生の夏休み。また部長に相談したけど、「女子マネージャーは採ってないからダメだ」と言われた。なんで？　と思いつつも、監督に直接言いに行くことにした。

普段は怖い監督だけど、「アイツの妹か。でも女子マネージャーは無理や。ごめんな」と、思っていたよりも優しい顔で断られた。


そのときは大会前でバタバタしていたから、大会が終わってからもう1回、頼みに行った。今度は険しい顔で、厳しいことをいろいろ言われた。

こうなったらマネージャーをやれるやれないじゃなくて、「やりたい」という気持ちを伝えよう。私は練習を毎日見ることにした。

朝練にも行ったし、放課後も練習が終わる夜9〜10時までずっとグラウンド近くの階段でずっと練習を眺めていた。

終わる時間になると私以外には野球部の人しかいないから、ミーティングの声が聞こえてくる。そのときに監督がよく「信用、信頼」という言葉を使っていた。「信頼」をつかめなければ、何を言ってもまわりは認めてくれないのだと。

じゃあ、私は監督や選手の信頼を得られるようにがんばろう！

練習を見ながら、利《き》き腕《うで》や、「この子はすぐ練習に出てくる」「この子は指導者が見ていないところでサボる」という具合に、80人近い選手たちの特徴をノートにまとめることにした。

「オレらの何を知ってるねん」と言ってくる選手もいたから、いちばんしんどい練習メニューとされている階段ダッシュもやって、キツさを感じようともした。

それを見た選手からは「お前何やってるねん」「わかったから、そんなんやめとけ」と言われたけど、選手にも思いは伝わったと思う。

準備は万端。「読んでください」と監督に全選手の特徴をまとめたノートを渡し、どうしてもマネージャーをやりたいと伝えた。

監督は「とりあえずノートは預かる」とひと言。この日に結論は出なかったけど、ノートを受け取ってくれてひとまずよかった。

その数日後、監督から「放課後すぐに監督室に来い」と言われた。

授業が終わるとすぐに監督室へ。

すると、

「いろいろ考えたけど、そこまでやりたいのだったら1回やってみろ」

と、ついにマネージャーになることを認めてもらった！
条件はたくさんあった。

1. 活動は19時まで
2. 1週間に1回休みを取る
3. 男女交際をしない
4. 野球部員として自覚を持つ
5. グラウンドには出ない
6. 親が行ってもいいと言ったら遠征も可能
7. スコアをつけられるのはB戦のみ

それでも、マネージャーになれることがうれしくてしょうがなかった。

監督から家に帰って親の許可をもらってこいと言われたから、その日はすぐに帰宅した。

家には、家業を手伝っている2番目のお兄ちゃんがいた。

お兄ちゃんにマネージャーをやらせてもらえるようになったと伝えると、「そんなはずないやろ。迷惑かけるからやめろ。オレが監督に電話する」とあわてて監督に電話した。

「迷惑かけてすいません。言うこと聞かなかったり、変なことしたら、しばいたり、引きずり回してください」とお兄ちゃんは言っていたけど、監督がうまくなだめてくれたみたい。

こうして私は2年生の11月に野球部のマネージャーになった。

といってもグラウンドには入れないから、仕事は監督室やグラウンド周辺の掃除など雑用が中心。

夜が遅くなるのは危ないという理由で決められた午後7時の下校時間も、最初のころは守っていた。

でも、サポートしたいという気持ちがだんだん強くなってきて、7時を過ぎてからも倉庫に隠れてマシンやボールを磨《みが》いたりしていた。最初はバレなかったけど、ある日、監督に見つかってものすごく叱られた。

それからは最後まで残りたいときは事前に許可をもらって、下校ルートが同じ選手といっしょに帰るように配慮してもらった。

朝練でいちばん早い選手は6時過ぎに来るから、私は5時半に来て練習の準備をする。次第にマシン入れをするようになって、監督に怪訝《けげん》な顔をされたものの、「朝練ならええわ。でも、ケガだけは絶対にするなよ」と言ってくれた。

監督には厳しいこともたくさん言われたけど、私の体のことを第一に考えてくれていたんだと思う。

朝練では、トスバッティングで私が選手にトスを投げることもあり、それがきっかけで事件が起きたこともある。

ある選手にトスを上げていると、その選手の彼女に呼び出されて、「付き合ってるの？　あんまり彼に近寄らないで」と詰め寄られたのだ。

そんなつもりじゃなかったんだけどな……。

もちろん、交際は禁止されているし……。

それからしばらく練習相手になるのを断っていたんだけど、そうしたら選手たちから「最近、変じゃないか？」と不思議がられるようになった。

事情を話すと、「そんなの気にするなよ。何か言ってきたら、オレらが言い返してやる」と言ってくれた。

ひとりに話すと情報が部員全員に伝わるから、その子と付き合っている選手は「お前の彼女、厳しいな」と言われてしまっていた。なんだか申し訳ない……。

でも、みんなの気持ちはありがたかった。本来なら私がみんなを支えないといけないのに、選手たちのほうが私のことを支えてくれていた気がする。

夏の大会前になると、グラウンドに入れてもらえるようになったし、遠征にも連れてもらえるようになった。対戦相手を分析するビデオ撮影も任せてくれて、ようやくチームの一員になれたように思う。

最後の夏は県大会の準々決勝で負けた。

選手たちは茫然《ぼうぜん》としていて、私も負けた実感がない。泣きながら試合後のミーティングで話しているのがテレビで撮られていたけど、それにすら気づかなくて。なんだか、明日からも今までどおりに部活があるような気がした……。

次の日、3年生全員が集合して、監督に「今までお疲れ様」と労《ねぎら》われた。これで正式に引退。でも、私はまだ終わった感じがしない。

その後、いつもと同じようにドリンクの用意をしていたら、監督に「もう終わったんや。よくがんばった」と声をかけられて、ようやくそこで終わりを受け入れることができた。

卒業してから6年が経つけれど、私の後にマネージャーになった人はいない。やりたい子はいたみたいだけど、私みたいに行動に移す人はいなかった。

私にとっては、自分のやりたいことを最後までやりとげただけ。

＊

監督には「お前のせいで、ほかにもやりたいという子が出てくるから、採らなかったらよかった」と冗談を言われたこともあるけど、今でも悩みがあったら相談に乗ってくれるし、本当に教え子想いな監督だ。

マネージャーをしていなかったら、全然違う人生になっていただろうな。引退しても野球への情熱が冷めやらなかった私は、今も野球に携わる仕事をしている。

高校時代の気持ちを忘れずに、これからも野球の面白さを追求していきたいな。

Story 12

甲子園には魔物がいる

公立の進学校で勉強もがんばりつつ、「ドラフト候補」にまでなるが……

高校進学のときから、甲子園を野球人生の〝ゴール〟とは考えていなかった。

もちろん、甲子園を本気でめざしてはいる。でも、それ以上に、

「とことん野球を続けてみたい、大学進学もして、社会人でも長くプレーしたい」

という思いが強い。

それは、父の影響だ。

父は社会人野球の選手で、昔から社会人野球の雑誌が家に置いてあって、ぼくも読んだ。

ぼくも「社会人野球」で活躍したい。それが夢になっていった。

そこで進学先に選んだのは、地元の公立高校。過去に甲子園に出た歴史もある学校で、進学校でもある。ぼくが中学生のとき、そこの野球部は県ベスト8に入るか入らないかの位置にいた。チームメイトも、近隣の力のある選手たちもその高校に行くと話していて、「これはけっこう強くなるんじゃないか？」とワクワクした。

無事に入学した年の夏、先輩たちは夏の県大会決勝まで勝ち進む。初戦から決勝までの試合で先輩たちが放っていた気迫《きはく》、これまでの練習での雰囲気《ふんいき》も含めて、「きっとこんなチームが甲子園に行くんだろうな」と思った。でも決勝戦の相手は、春のセンバツにも出場していた強豪《きょうごう》私立校。0対4で敗れた。

くやしい……。でも、「自分たちも甲子園を狙えるんじゃないか」という希望も抱く。この年の夏、ベスト4進出校のうち、3校が公立校だったこともぼくのやる気に火をつけた。

新チームがはじまって、ピッチャーとしての試合出場が少しずつ増えていく。

当時バッテリーを組んでいた同級生と、高校卒業後はどうしたいかを何気なく話していたときのこと。

その同級生は、「オレは絶対、大学野球がやりたいんだ」と夢を語ってくれた。彼の兄が大学で野球をやっていて、大学野球は野球のレベルはもちろん、練習の設備や応援など、いろんなものがスゴイと教えてくれた。

彼の表情はとても輝いていて、大学野球の世界にぐんと興味がわいてきた。

それまでは「社会人野球でプレーしたい、その先でプロに行ければ」と考えていた。でも、「大学野球で腕を磨《みが》いて、社会人野球に。そこからプロに行く」と夢はふくらんでいった。

将来の方向性を定めたぼくは、今まで以上に野球、勉強の両方に力を注いだ。

しかし、高校3年の夏は、ベスト8まで勝ち進むことができたけど、準々決勝で同じ地区の私立校に5回コールド負け。エースだったぼくは、自信を持って投げたボールをことごとく打ち返された。

結局、1回も甲子園にたどり着くことはできなかった。

「くやしい」よりも情けなかった。

自分はプレーヤーとして、この先通用するのだろうか？

大学は、縁あって関西の体育大に進むことになった。見学に行ったとき、充実した設備に目を奪われたのも選んだ理由のひとつだけど、「教員免許が取れる」のもぼくにとって大きな魅力だった。プレーヤーとしてめいっぱい挑戦して、もしダメだとしてもその経験を教師、指導者の立場で伝えていきたい。

最後の夏の自信喪失《じしんそうしつ》から、そういうふうにも考えるようになっていた。

大学入学直後は、プロから指名されるピッチャーが4年生に2人いて、レベルの違いを突きつけられた。キャッチボールの球筋《たますじ》、ブルペンでの迫力。すべてが未知の世界で、毎日衝撃を受けた。

これがトップレベルなんだ……。

甲子園に出た選手もたくさんいたし、甲子園に届かなくても力のある選手が無数にいた。必然的に、その状況で自分の存在をアピールするにはどうするべきかを考えるようになっていった。

最初に取り組んだのは、肉体改造だ。コーチと話し合い、「体重10キロ増」を目標に、ウエイト・トレーニングに励む。ウエイトは高校時代もやっていたけど、理論や理屈がよくわかっていなくて、「ただなんとなく」こなしていただけだった。

それが、自分でも体のことを勉強しながら、トレーナーの方に作ってもらったメニューに取り組むと、目に見えて体が変わってくる。「体重を10キロ増やせなかったら、試合で投げられないぞ」とコーチに言われたときは、正直「無理だろう」と思った。けど、自分でも驚くペースで達成できた。

さらには、ピッチャーとしての自分の強みを作っていった。

純粋な球の速さだけを競っていても、プロのスカウトから注目されているチームメイトに勝つのは難しい。それなら、違う部分で上回ってやろう。こだわったのは、投球以外の部分だ。牽制《けんせい》やフィールディングをとことん練習した。試行錯誤《しこうさくご》だった。

それらのおかげか、リーグ戦での登板機会も増えていく。体作りを続けたことで球速も上がり、上級生になると、ぼくの名前が「ドラフト候補」として、野球雑誌にも載るようになっていった。

すごくうれしくて、高校3年夏のコールド負けですっかり失っていた「自分への期待感」を、少し取り戻せた。

大学卒業後は、幼少期からの夢だった社会人野球の世界に足を踏み入れた。

ここで力を伸ばして、プロに進むんだ！

けれども……。

1年目は自分でも理想に近い形で投げられていて、手応《てごた》えも感じていた。実際、「今日、プロのスカウトが見に来ていたよ」とまわりから言われることも少なくなかった。

ところが、2年目、3年目と時間が経つにつれて、「フォームがしっくりこない」と感じるようになって……。最後のほうはオーバースローから腕を下げて、サイドスロー気味のフォームで投げていた。迷走《めいそう》していたように思う。

フォームを見失ったぼくが評価されるほど、社会人野球とプロの世界は甘くない。選手としては限界が来てしまった。

でも、ぼくはできることを探し続ける。

ぼくが現役選手として過ごした社会人3年目のシーズン、ピッチャー陣のキャプテンを任された。その立場になってからは、今まで以上に「野球」について考える時間が増えた。

プレーの質や反省点はもちろん、塁間の距離は何メートルあるのか、なぜこういったルールが存在しているか……。とことん野球を考えていった。

それにつれて、チーム内のミーティングでの行動も変わっていく。入社した当初は、まわりの発言のレベルの高さに圧倒されて何も言えなかったけど、キャプテンとして積極的に発言ができるようになっていった。

この時間を通して、ぼくの「野球観」は180度変わった。

プレーや技術だけでなく、試合での心理状態についても考えるようになり、野球をより深く考えるようになった。プレーでは活躍できないことが多かったけど、本気で野球と向き合った。

所属先は、いわゆる「大企業」のチームではないため、会社側から「引退してくれ」と言われることはほとんどない。

3年目のシーズンを終えたとき、ぼくはピッチャー陣で最年長になっていた。

そのころには選手として活躍できなくても、コーチに近い立場で年下の選手たちに自分の経験を伝えることができたし、そういった形でチームに貢献できる自信もある。けど……、自分が野球に頼り、「野球にすがって」いては前に進めない。

大学時代、チームメイトに甲子園を経験した選手がたくさんいた。甲子園で活躍したことで自信をつけた選手、思うように実力を発揮《はっき》できなかったくやしさをバネにがんばる選手。甲子園をきっかけに前に進んでいる選手は何人もいる。

その半面、甲子園出場という夢をかなえたことで、目標を見失う、「燃《も》え尽《つ》き症候《しょうこう》群《ぐん》」になっている人も同じくらいいたし、自分の現状に向き合わず、過去の栄光にとらわれている人も少なくなかった。

現役続行か、それとも引退か。

悩んでいるぼくの頭に浮かんだのは、甲子園の経験で、よくも悪くも人生に変化が生まれた仲間たちの姿だった。

野球は大好きだし、野球界にいつづけることは自分にとっても心地《ここち》がいいものでもある。

それでも、かつてのようなわき上がるモチベーション、前向きな気持ちを保てないまま、野球を続けていても長期的に見れば自分のためにはならない。

社会人3年目、25歳で、ぼくはユニフォームを脱いだ。

＊

今は地元の学校で教員をしている。

高校時代に選手として自信を失い、その後、大学で教員免許を取っていたことが今につながっているのだから、わからないものだ。週末は地元の中学生チームのコーチをやらせてもらっていて、将来は指導者になるという、新しい夢もできた。

現役を終えて、「甲子園」に対する印象も少し変わった。プレーしていたころは、「甲子園に出た選手に負けたくない」という思いが強くて、甲子園に出られなかったことへの後悔だったり、名残《なご》り惜《お》しさはあまりなかった。けど、野球を教える立場になって、「甲子園出場」の肩書きを持っていると指導に説得力は出るよな、とも思うようになった。もちろん、甲子園経験の有無だけで、指導の優劣はつかないし、ぼくの思い込みなのかもしれない。

とはいえ、「甲子園」が持つ影響力、説得力は大きいものだと改めて感じている。

よく「甲子園には魔物《まもの》がいる」と言われる。

それは決して球場の中だけの話ではない。甲子園の経験で燃え尽きたり、人生が狂う人もいるし、甲子園に出られなかった後悔を一生抱き続ける人もいる。
それもまた「魔物の仕業《しわざ》」なんだと思う。

ぼくは甲子園に出ることはできなかった。もし出ていたら……と考えないこともない。でも、甲子園を最終目標にしなかったからこそ、自分が納得するところまで野球を続けられた。

苦しいことも多かったけど、その中で野球の奥深さを感じることができて、一時は自分の可能性に夢も見させてもらった。

自分の選択は間違っていなかったと、自信を持って言えるんだ。

Story 13

野球人生に後悔なし

ある日、生まれつきのヒザの障害が見つかる

左ヒザに今までにない急激な痛みを感じた。

中2の冬、いつもどおりボーイズの練習に参加して、ランニングメニューに取り組んでいたときだった。

えー！　明日、起きたら治ってるよね……。

でも次の日、ちょっと走ってみたらやっぱり痛い。

接骨院で診《み》てもらうと、「靭帯《じんたい》がやられている」という見立てだった。

その後、大きい病院を紹介されてレントゲンを撮ってもらったら、「分裂膝蓋骨《ぶんれつしつがいこつ》」と診断された。生まれつきヒザの皿が2つに割れている状態だという。

「これは先天性のものだから痛みは出るけど、つき合ってやっていくしかない。もしくは手術するか」

と医者からは言われた。


――ってことは、プロをめざすのは厳しいな。

幼稚園の年長から、3歳上の兄についていくように野球をはじめた。

最初は遊び感覚だったけど、小4になって試合に出るようになった。

もっとがんばらなアカン！

将来の夢はプロ野球選手だ。


「プロに行くためには強い高校に行かないといけない」

こう考え、強豪校《きょうごうこう》に行くための近道として、中学でボーイズリーグのチームで野球をすることにしたのだ。

なのに……ヒザのケガは非情な通告だった。

でも、手術の話は断った。手術したらリハビリに時間がかかって、強豪高校にアピールすることができないから。

プロ野球選手はあきらめて、目標を甲子園出場に絞《しぼ》ろう。

ヒザの痛みに耐えながらがんばったぼくは、ボーイズの監督から、甲子園で準優勝したことがある地元の強豪校への進学を勧《すす》めてもらった。

強いだけでなく、人間的にすごく尊敬していたボーイズの先輩がキャプテンを務めている。その高校に進むことにした。

野球は高校で精一杯やって終わり、と腹をくくって入部したけど、予想以上に練習はキツい。最初の2、3か月は「やっていけるのかな」と思う日々。

野球部のグラウンドは学校から離れた山の上にある。移動のバスを途中で降りて最後の2・5キロの山道を走って登るのが日課だ。ヒザへの負担は大きいけど、やらないわけにはいかないから、ヒザに大きなサポーターをつけて走っていた。

それを見た同期はぼくのことを認めてくれていたし、親は夜11時前に帰ってくるぼくのためにいつも、できたてのご飯を出してくれた。

まわりの人間に恵まれていたから、ヒザのことで野球をやらないという選択肢《せんたくし》は頭の片隅《かたすみ》にもない。

最初のほうはメンバー争いにまったくからめなかったけど、1年生の秋に代打要員として初めてベンチ入りできた。

先輩から吸収できるものは、なんでも吸収しよう!

でも、夏は2年連続の3回戦負け。

甲子園をめざしているのにこんなに早く負けてしまうのが、めちゃくちゃイヤだった。

甲子園に行くためには誰かが変わらないといけない。

ほかの誰かを変えるよりも、自分が変わるほうが楽だ。

最初はキャプテンが決まっていなかったけど、整列のときに前のほうに並んだりして、何事も率先《そっせん》して動くようになった。そうしていくうちに夏休みの終わりに監督からキャプテンに指名される。

キャプテンになって気づいたこと。同期30人の個性がかなり強い。

先輩がいたころは、結果を残せないとベンチに入れなかったから自分のことで精一杯だったけど、キャプテンになって初めてまわりを見るようになった。

「このチーム大丈夫かな？」

みんな我《が》が強くて、自分の意見を絶対に曲げないから、チームをまとめるのはすごく大変。チームが勝つにはこいつらに自分が合わせないといけない。たとえ自分がダメでもチームが勝てばそれでいいと思えるようになった。

ぼくたちの高校は10年近く甲子園から遠ざかっている。周囲の人からは「強い高校だったよね」「昔は強かったね」と言われることもある。

ぼくらの代で結果を出して、過去形じゃなく、「今年も頼むよ」と期待されるようにがんばろう。

秋の大会は1次戦で一度負けてしまったが、敗者復活戦で勝ち進み、準々決勝では接戦で勝った。

準決勝は負けてしまい、地区大会出場最後のイスをかけた3位決定戦は、夏の甲子園に出場した名門校に5回コールドでボコボコにやられた。

チームのムードは落ち込んだけど、「やれるな」とも感じた。

これなら夏も勝負できる。

変わらずヒザは痛かったけど、最後の夏に向けて冬の練習は手を抜かない。この冬からアップに取り入れられた50メートルダッシュとジョグをくり返すインターバル走がとくにキツい。

ダッシュをしているときはそうでもないのに、ジョグに切り替わると、痛みが急にやってくる。これならずっとダッシュしているほうがはるかにマシだ。

でもぼくには甲子園しか見えてない。やり切った。

ぼくたちは秋にベスト4まで勝ち進んだ自信を持って春の大会に挑んだけど、まさかの一次戦敗退。気のゆるみがあった。相手チームのR高校はぼくたちに勝って、すごく喜んでいた。本当にくやしい。

夏はやり返してやる！

夏が近づいてくるにつれて、もうすぐ野球が終わってしまうさびしさを感じるようになった。キツいことも多かったけど、楽しい雰囲気でやれていたから。

いよいよ夏の大会がはじまった。ぼくにとっては野球人生最後の大会だ。チームはベスト16に進出し、春に負けたR高校と再び激突することに。抽選会のときに「R高校引いてくるわ」と言ったから狙いどおりだ。

でもその試合前に事件が起こる。

ぼくは4番サードでスタメン出場することになっていた。シートノックで外野からの返球を捕ろうとしたときにボールが急に跳ねて、右目に直撃。すぐにベンチ裏へと下がった。

片目が見えない……。うわー、やらかしたー。

試合が終わった後に病院に行って診てもらったけど、右目の下と内側、鼻の3か所を骨折していた。

こんな形で野球人生を終わらせたくない。

試合に出ないなんて選択肢はない。

気持ちが昂《たか》ぶっていたぼくは、救護スタッフの人に「どうやったら出られますか」と聞いた。「とりあえず冷やそうか」と落ち着くよううながされたけど、ぼくは「出ます」と宣言。

それを聞いていた監督には「当たり前やろ」と言われた。

試合中もずっと右目は見えなかった。サードを守っているときは本当に怖かったし、打席に立っても外のボールがまったく見えない。第2打席では外のボールでゲッツーを打たされた。

だから、次の打席は思い切ってインコースにヤマを張ることにした。

2点リードの一死二、三塁で迎えた5回裏の第3打席。たまたま内角高めにボールが来て、とっさに振り抜くと、レフトオーバーの2点タイムリーツーベース！

これで勢いに乗ったぼくたちは8対2で勝って、ベスト8進出を決めた。

準々決勝では春の優勝校と対戦することになった。エースは140キロ台後半の球を投げる速球派で、プロ注目のショートもいる。

秋は一次戦で負けたけど、こっちも勢いはあったし、負ける気がしない。

試合はお互いの投手がピンチをしのぎ合う投手戦となる。この日も右目はよく見えてなかったけど、打撃も守備もなんとかこなせた。

3月に世代ナンバーワン投手と練習試合で対戦していたから、相手投手の速球もなんてことはなかった。

1対1の同点で終盤に突入。8回表に一死一、二塁で4番のぼくに打順が回ってきた。

完璧にとらえたと思ったけど、打球はセンター正面のライナー。次のバッターも三振に倒れて、チャンスを逃してしまった。

「次の回は集中やぞ！」とみんなで声をかけ合ったけど、一気に4失点。正直、キツい。

「もう1回、回してくれ……！」

念じたけど、その想いは届かずに三者凡退で試合終了。

ぼくの野球人生が終わった。

やり切った……。自分の中ではそう思った。でも、相手の校歌を聞いているときにこれまでのことを思い出して涙が出てきた。

小さいころからやってきたことがもう終わってしまう。高校ではチームメイトと言い合いをすることもあったけど、楽しかった。

そういうことはもうないんだな……。

試合が終わってからはひとりでいたかったが、同期から「お前がキャプテンでよかった」と言ってもらえたときはうれしかったな。

みんな考えがバラバラでまとめるのには苦労したけど、おかげで相手の立場で物事を考えるのが得意になったと思う。

＊

大学で野球を続ける同級生を見ていると、野球をやりたくなってくる。でも、これが最後だと決めていたからこそがんばれたんだ。

その証拠に引退してからこれ以上何かできたかを考えてみたけど、何も思い浮かばなかった。それだけ全力で3年間をやり切ったという自信がある。

あのときに手術をしていたらこの高校には入れなかっただろうから、その選択にも後悔はない。

たぶん手術していたら治っていただろうけど、していたら逆に後悔していたんじゃないかな。

甲子園には一度も行けなかったとはいえ、試合に出ている選手だけじゃなくて、ベンチ外の選手も本気で甲子園に行きたいと思ってくれていた。チーム一丸《いちがん》となって甲子園をめざす過程は本当に楽しかった。

あのメンバーで野球人生を終えられて本当によかった。

Story 14

ぼくは自ら獲りに行く

選手・コーチとして学んだことを伝えるべく、ある決意をする

15年前、〝甲子園〟という大きな夢を抱き、生まれ育ったところから隣県の高校に入学した。まだ雪が残る寒さの中、寮で同部屋になった同級生と、「絶対に甲子園に行こうな」と誓《ちか》い、つらくてもがんばった。

高校3年の夏、その彼はエース番号をもらい、ぼくは、もう一歩のところでベンチ入りできず……。肩を落とすぼくに彼は言う。

「絶対甲子園決めるから。お前のことを甲子園連れていくから練習しとけよ!」

うちの学校は、甲子園出場を決めたとき、地方大会ではベンチ入りできなかった選手を甲子園メンバーに入れることも多い。「お前にはまだベンチ入りするチャンスがある。オレがそのチャンスを作る」という意味でそう言ってくれたんだ。

ぼくは、その言葉を信じ、大会中も自主練を続けた。

でも、石川大会準決勝で敗退。彼は「甲子園に連れて行かれなくてごめん」とボロボロ泣きながら謝ってきて……ぼくはその思いがうれしくて、いっしょに大泣きした。

そんな彼と、高校の寮《りょう》の部屋で将来について話したことがある。

ぼくは野球も勉強も人に教えることが好きだったので「将来は先生になりたいんだ。そして野球の指導者になる」と話したら、彼も「オレも教員をめざしてる。野球部を持ちたい」と大盛り上がり。

「お互い監督になるって夢をかなえて、将来、試合しようぜ」と、約束を交《か》わした。

教員免許を取得できる大学に進んだぼくは、プロ野球でも活躍した監督のもと、野球をいっぱい勉強した。

高校のとき、もっと野球の知識があったら、考えて練習をしていたら、もっと自分自身の力をつけられたのかもしれない。そしたらベンチにも入れて、活躍もして、チームを甲子園に導けたかもしれない。

自分なりには〝がんばっていた〟けれども、そのがんばり方が浅はかで〝悔《く》い〟しか残っていない。

指導者になったら、選手には正しい知識を伝えたい。

自ら考えることを習慣づけさせたい。

変化を恐れず、悔いを残さない2年半にしてあげたい。

そうできる指導者をめざし、経験と知識を積んでいこう。

大学3年になったとき、「後々指導者をやるなら、今から経験したらいいんじゃないか」という監督の提案で学生コーチになった。

監督はピッチャーの練習すべてをぼくに任せてくれ、投手キャプテンとタッグを組んでピッチャーを鍛《きた》え上げた。投手陣が成長して、創部以来、初めて関東大会（関東地区大学野球選手権大会＝明治神宮《めいじじんぐう》大会予選）に出場することができた。

将来のある投手を、今も今後も故障《こしょう》させず、いい方向に育成しながら、チームの勝ちにもこだわっていく。難しさも感じながらも、やりがいがある。

それまで、自分中心に考える〝選手〟の立場だったぼくが、自分ではない選手のことやチーム全体のことをいちばんに考える〝指導者側〟になれたのもそのころだ。


教員採用試験には受からず、大学卒業後、地元中学で社会科の講師をした。

2年目も合格ならず、3年目に入るにあたり、もう1年講師を続けようか、海外に野球の勉強に行こうかと迷っているとき、母校から「講師をしながら野球部のコーチをしないか」との依頼を受けた。

野球に携《たずさ》われるのはありがたい。即「やります」と伝えた。

24歳の春、6年ぶりに高校野球の世界に〝指導者〟として戻って、もっとも感じたこと。

それは、高校野球の現場は〝指導者主導〟だということ。

うちの高校だけではなく、周りの高校もそうなのだが、指導者が指示を出し、選手は言われたことをやっている。

選手が自ら考えて動いたり、練習をすることは、あまりないように見えた。

指導者によほどの知識があって、選手がそれを理解して動くのであればまだいいけれど、指導者が正しくない知識や持論を選手に押しつけて、それを選手が信じてやり続けるというのはよくない。ぼくのように悔いが残る高校野球にさせてしまう。

指導者はつねに勉強し、選手に自分で考えさせる、選手に聞かれたときにこそ指導者はしっかり答える……そこを大事にしていくようにした。

その方針が少しずつ浸透《しんとう》していったのか、選手たちは自ら考えて練習に取り組むようになっていった。

とくに、コーチに就任したときに2年生だった選手たちの成長は著《いちじる》しい。

ぼくはピッチャーを中心に見ていたが、それぞれ自分で考え、わからなくなったり迷ったりしたらぼくのところに聞きに来ていっしょに考えたり。

壁にぶつかり半歩戻りながらも、また一歩進む、また失敗して少し後退しながら前に進む。そうして順調に育っていった。

コーチになって2年目の夏、その代の選手たちは甲子園出場を決めた。

選手としては行けなかった甲子園に、コーチとして行けてすごくうれしい。

だけど、3回戦で当たった高校に、力の差をまざまざと見せつけられ敗退した。

選手の力の差というよりも、ふだん、どんな意識を持って練習をしているか、どんな意識で試合をしているのかの差。つまり、指導力の差。相手はうちの数段上のことをやっている。

それを突き付けられたぼくは、くやしすぎて泣きながら甲子園球場を後にした。

その敗戦を糧《かて》に、よりぼく自身が野球の勉強をし、一方で選手にも〝考えて取り組む〟指導にあたったが、うまくいったりいかなかったり……。

それからはなかなか甲子園に行けなかった。でも、指導しているうちに、将来に向けての光みたいなものが見えてきていた。

＊

そして5年目に入ったころ、ぼくは「外に出る」ことを決めた。

選手たちには、「考えて動け」、「自ら動かなければ夢なんてかなわない」と言っていながら、ぼく自身が〝ぼくの夢〟に向かって動き出せていないと気づいたからだ。

ぼくの夢はたくさんある。

「教員になる」

「監督になる」

「甲子園に出る」

「母校を倒す」

「全国制覇する」

これらは、母校のコーチである今の状態ではなかなかかないにくい。

学校とも相談し、翌年の6年で区切りをつけることに。

それからは、授業の空き時間や練習後に教員や指導者の空き状況をネットで調べたり、テスト期間などの練習がないときに、関東や地方に出向いて就職活動をした。

そして6年目の暮れ、次の赴任先《ふにんさき》が決まった。今いる雪国からは遠く離れた瀬戸内海《せとないかい》に近い高校。かつては甲子園にも出場したことがあるが、このところ低迷気味。

学校から野球部再生を依頼され、やりがいがありそうだと決めた。

ぼくがいなくなることを、なんとなく気づきはじめた選手たちには、年明けになってから話をした。

「オレは3月でここをやめて違う高校に行く。お前たちといられるのもあと2か月」という自分の話はそこそこにして、言いたかったのは次のこと。

「この代は、1年生のときはもっとギラギラしてすごく練習をしていたのに、だんだんあの熱い気持ちを忘れてしまったように見える。高校野球ができるのも、あと半年。人生80数年あるとして、そのうちのたった6か月、みんなが本気で練習していけば、甲子園にも行ける可能性は十分あるんだよ。もう1か月長く、8月に〝甲子園〟で野球ができるかもしれないんだよ。オレは自分の高校時代に悔いしか残っていない。なんでもっと考えて、工夫して、やれることを全部やり切らなかったんだろうって。同じ思いをお前らにはしてほしくないから、本気でやっていこうよ」

それ以降、選手たちの練習に対する姿勢、意識、野球ノートに書いてくる言葉が変わっていった。心に響いてくれたようでうれしかった。

彼らの熱のこもった練習をもっと見守りたかったけれど、その後、新型コロナの影響で、学校が休校になり、寮も解散になり、部活動も休止に。

3月に入って一時練習再開をしたものの、あっという間に選手との別れのときがやってきてしまった。

2020年3月26日、ラストミーティング。そこで、1月には選手たちに伝えていなかった、ぼくが他校に行く〝真意《しんい》〟を伝える。

「なんでオレが外に出ようと思ったか……それは、オレにはオレの夢があるからだ。みんなに『自ら動かなければ夢なんてかなえられない』、そう伝えてきたけれど、オレも、本気で夢をかなえようと思うからこそ外に出ることにした」

選手たちも真剣に聞いている。

「お前らも全国制覇をしたいという夢があるなら、もっともっと考えて動け。オレはお前たちならできると思ってる。監督をもう1回甲子園に連れていってやってくれ。

オレも次の高校の選手たちと強いチームを作って甲子園に出る。夏の甲子園で会おう！」

ぼくの後任コーチに決まっている教え子もその場にいた。コーチ就任2年目に甲子園に出たときのキャプテンであり、この春、大学を卒業する。彼は、ぼくが身をもって選手たちに伝えかったことを感じ取ったのか、その場で泣き出した。

ぼくもウルッとしながら「新コーチのことも甲子園に連れていってやってくれよ」と選手たちに伝えると、彼らは「見ててください！」「夏、甲子園行きます！」「甲子園で会いましょう」と。

満足に練習ができない苦しい中、甲子園をまっすぐに見ている彼らは、とても頼もしい。

その夜、次の赴任地へ向かって出発。車中、いろんなことを回想していた。

選手と共にいっぱい悩み、考え、練習し、その末に好投できたときは本当にうれしくていっしょに喜び、うまくいかなかったときはいっしょにまた考え、練習に取り組んだな。自信を持って臨んだ甲子園で大敗して選手以上に大泣きしたこと、くやしすぎて自ら頭を丸めたこともあったし、引退した選手たちからのお礼のメッセージを読んで涙したり、「大人になったな」と感動したり。

大学進学した教え子たちがちゃんと単位をとれているか、就活がうまくいっているかも毎日のように心配してた。

ほんと、教え子はみな、まるで弟のようにかわいいから。

4年前、甲子園に行った代のピッチャーが、大学卒業後、4人も社会人や独立リーグで野球を続けているのは、ピッチャーを見ていたぼくにとって大きな自信になった。

5年目に教え子から初めてプロ野球選手が誕生したこともうれしかった。

多くの経験をさせてもらった母校には本当に感謝している。

その経験を生かし、ぼくは、次の地で夢をかなえる。

まずは、高校時代「お互い監督になるって夢をかなえて、将来、試合しようぜ」と誓い合ったチームメイトが、ひと足先に高校の監督になったから、アイツと戦うという夢を実現させる。
次は、選手として出場できなかった甲子園に、〝監督〟として出場する。甲子園で、母校を倒す。

夢は、変化を恐れていてはつかめない。自ら動かなければかなえられない。

ぼくは、選手たちに身をもって示すためにも動いた。
番狂わせを起こす。
ＧＩＡＮＴ《ジャイアント》　ＫＩＬＬＩＮＧ《キリング》！
そして、〝平成生まれ最初の〟甲子園優勝監督になる！

Story 15

たったひとりの聖地行進

大学野球をめざしながら、野球も勉強もがんばる

中学3年の夏には、全国大会に出場できた。

ありがたいことに、いろいろな高校から声をかけてもらった。でも、大学でも野球を続けたいので、「生まれ育った地元から甲子園を狙えて、なおかつ勉強もしっかりできる高校」に行くと決めていた。

候補に絞《しぼ》ったのは、2校。

1校目は、県内でも進学校と呼ばれるところで、野球部も毎年のように県ベスト8、4まで残る強豪《きょうごう》。ここはぼくの野球を応援してくれている父の母校でもあり、幼いころからあこがれている学校だった。

2校目は、家からは少し遠く、野球部は1校目と同じくらい長い歴史を持つ伝統校

だ。この高校も毎年優勝争いにからんでいて、野球部からは毎年のように強豪大学に進む選手がいる。

どちらにしようか――。

考えて考えて、ようやく出した結論は、2校目に進むことだった。県立ながら体育科もあることにも魅力を感じた。

受験を突破して、寮生活をしながらの高校野球がはじまった。やさしい先輩や気兼《きが》ねなく話せる同級生がたくさんいて、めいっぱい練習に打ち込める。

1年生の夏の県大会では、背番号をもらうことができた。うれしいと同時に、ベンチに入れない先輩たちがいる中で、自分が選ばれたことへの責任感を強く感じる。

背番号17のユニフォームに身を包み、夏の大会の全試合に「1番・レフト」で出場した。緊張しなかったと言ったらウソになる。とにかく無我夢中《むがむちゅう》でバットをふった。

チームは順調に勝ち進み、3年連続のベスト4入り。

「このまま甲子園に行けるかもしれない」

しかし、甘くなかった。

準決勝で同じ市内のチームに敗れてしまった。その自分たちに勝ったチームが甲子園に出場。だからこそ、余計にくやしい。


1年秋の県大会は3回戦、2年の夏も、去年と同じように準決勝敗退。

甲子園に行くことの難しさを痛感する。


また、ベンチ入りしながらも、ぼく自身もバッティングの不調に苦しんでいた。1年生のころは怖いもの知らずで、ある意味何も考えずに思いっきりバットがふれていた。それが、「もっとよくしよう」といろいろな理論を勉強したりするうちに、バットが自然に出ないようになった。

一時期はまったく自分のバッティングがわからなくなってしまった。

だ。

「なんで打てないんだろう」

「こんなはずじゃない」

気づけば、チームの勝敗よりも自分の成績のことばかり考えるようになっていたんだ。

にもかかわらず、2年夏が終わった後、ぼくはキャプテンを務めることになった。

「一度はやってみたい」と思っていたし、尊敬する先輩たちから「あいつがいいんじゃないか」と推薦《すいせん》してもらえたのはすごくうれしい。

今まで以上に責任感は感じる。でも、「これは自分を変えられるチャンスかもしれない」とも思った。バッティングの不調で自分のことばかり考えていた自分から脱却したい。

キャプテンとして初めて戦った2年秋は、県大会の準々決勝で負けてしまった。相手はたびたび甲子園に行っている強豪の私立校。

くやしい。夏は絶対にリベンジする!

いよいよぼくにとっての甲子園ラストチャンスとなる3年夏。100回目の夏の大会なのもあり、それまで以上の熱気を周囲から感じた。いつも応援してくれる周りのみんなにいい報告をするためにも絶対に甲子園に行く。

バッティングの迷いも吹っ切れた。「チームが勝てばそれでいい」と思えるようになっていた。

チームの状態はすごくよかった。初戦から2試合連続のコールド勝ち。しかも、2試合とも無失点。

「今年は絶対いける」。自信を深めながら準々決勝の日を迎えた。

同じ市内の公立校との対戦。チームメイトの知り合いもたくさんいるチームで、主力の半分以上は2年生。絶対に負けたくない相手だ。

試合当日、自分たちの前の試合で、秋、春連続で自分たちを負かした私立校が準決勝進出を決めた。「準決勝でここに当たれば、リベンジできる」。もうひとつモチベーションが生まれた中で、準々決勝がはじまった。

2回に先制点を奪われ、点を返してもすぐに突き放される。3点差で負けている7回に、ぼくたちの打線がつながった。2点を返しても一死満塁の場面で、ぼくに打席が回ってきた。緊張感はあるけれども、体は硬《かた》くなっていない。

「絶対打てる」と念じて打席に入った。

初球のストレートを迷いなくふりきると、打球は左中間に飛んだ。相手の外野手も追いつけず、結果は走者一掃のツーベース。一気に逆転し、ぼくはベース上でガッツポーズした。

「これで勝った!」と確信。

しかし、8回に同点に追いつかれ、試合は延長へ。チームメイトに「大丈夫、大丈夫!」と声をかけながらも、少しあせっていた。

延長12回に突入。その12回に再び打席が回ってきた。一死一、三塁の勝ち越しのチャンス。打席に入る前、ぼくの中に「打てなかったらどうしよう」とマイナス思考が芽生《めば》えていた。自信を持てないまま、打った打球はショートの真正面に転がった。

結果は6－4－3のダブルプレー。

その裏、相手に1点を奪われ、サヨナラ負け。

ぼくの最後の夏はベスト8で終わりを迎えた。

相手の校歌を聞きながら、試合の風景が頭を駆《か》けめぐった。

なんで、8回に逆転したとき、「勝った」と気をゆるめてしまったんだろう。

12回に心の整理ができていないまま、簡単に打ってしまったんだろう。

準々決勝がはじまる前に、準決勝に気持ちを向けてしまったんだろう。
後悔ばかりが浮かんでくる。

チームメイトの多くが泣いていた。とくに、延長12回を投げ続けたエースの後輩は、立っていられないほど号泣している。ぼくは必死に涙をこらえて、まわりに声をかけ続けた。それがキャプテンの最後の仕事だと思ったから。

外に出て、応援団と保護者の方々にあいさつをした。その後、両親のもとに駆け寄って感謝の気持ちを伝えた。「ずっと応援してくれてありがとう」。
父は「ここでよくがんばったな」と言ってくれた。自分の母校に行ってほしい気持ちは絶対にあったはずなのに……。もう泣くのをガマンできなかった。

ぼくの高校野球にはひとつ続きがある。
100回大会の甲子園の入場行進には、第1回から100回まで地方大会に出場し続けてきた15校のキャプテンも参加することになっていた。

ぼくの高校も、その15校の内のひとつ。チームで、キャプテンのぼくだけが入場行進をさせてもらえることになった。


2018年8月5日。

ずっとあこがれてきた甲子園に立っていた。ひとりだけど——。

グラウンドに入った瞬間、満員の観客が一気に目に飛び込んでくる迫力、きれいに手入れされた黒土《くろつち》と外野の芝、肌に触れる浜風の感触……。そのすべてに感動した。

甲子園をめざしてきた日々は間違いじゃなかった。


帰った後、たくさんのチームメイトから「甲子園どうだった?」と感想を尋《たず》ねられた。やっぱりみんなで行きたかったな。

くやしさや切ない思いも感じた。

今は高1の春にキャンプを見学させてもらってからずっと行きたいと思っていた関西の大学で、野球を続けている。

高校や同郷の先輩もたくさんいる大学で、すごくやりやすい。

あこがれていた大学野球を今の環境でやれているのは、母校と送り出してくれた両親のおかげ。感謝してもしきれない。

＊

チームメイトには甲子園経験者もたくさんいて、ポジション争いは激しい。

「甲子園に出た選手に負けたくない」

この思いが今の自分のモチベーションになっている。強くそう感じるのは、行進で甲子園を味わわせてもらったからだ。

選手としては甲子園に行けなかったけれど、高校野球に悔いはない。これからもそう思い続けられるよう、野球を続けていく。

Story 16 監督の息子

高校野球の監督として甲子園出場も果たした、偉大なる父の背中を追う

「集合！」

そのひと言でグラウンドに散っていた選手たちが「はいッ！」と応《こた》えて、パッと集まる。その円陣の中心にはいつも父がいた。小学校低学年のころの光景だ。

私の父は高校野球の監督だ。27歳から母校の指揮をとり、監督生活33年。その間に、春夏の甲子園出場も果たす。

私にとっては偉大すぎる存在だ。

私が生まれたときから父は監督を務めていたため、幼いころ、父が家にいた記憶は

あまりない。

楽しみは休日。グローブやボールを持って大会の応援に行くと、ＯＢの人が球場の外でキャッチボールをしてくれる。練習日は父の車で、グラウンドに連れて行ってもらえる。

子ども向けのテレビを見たい気持ちとちょっぴり葛藤《かっとう》しながらも、私はグラウンドに行く選択をした。グラウンドではケガで試合に出られない選手がいっしょにサッカーをしてくれるなど、遊べて楽しい。

そんな選手の中心にいる父の大きな背中が、私の将来を決めることになる。


小学3年から少年野球チームに入った。

「野球をやれ」と父から言われたことはないし、父が私の野球を見に来たこともない。教わることもなかったし、キャッチボールすらしたことがない。

いっしょにやったことがあるスポーツは卓球。父は小学生のときに郡の卓球のチャンピオンだったらしく、冬場は卓球をしていた私は県南の大会で準優勝したことがあった。

中学では卓球部に入ろうかと思ったが、結局、野球部に入った。うまくはなかったけど、楽しいから。

ただ、野球をやっていると、父の息子である事実がつきまとった。

まわりからの「お父さんが監督だから」という言葉はプレッシャーだ。父が指導するチームはつねに優勝候補に挙げられる、その県を代表する強豪校のひとつだった。

ぼくが誰かに紹介されるときも「監督の息子」だ。

ぼくはうまくないのに、うまく見せないといけないんだろうな。

マイペースな性格が幸いして追い込まれはしなかったが、そんな思いは抱えていた。

プレー以上に「相手に失礼があってはいけない」と思ったし、「野球部に入ったからにはやめられない」。

父の顔に泥《どろ》は塗《ぬ》れない。

選んだ高校は、父が指導するチームではなかった。父やそのチームがイヤだったわけではなく、中学3年の夏に私の県の代表として甲子園に出場した、この高校のインパクトが強かったからだ。キャプテンもかっこよくて……！

父はすぐに「いいよ」と賛成してくれた。

野球をしていたら一度はプロにあこがれるのかもしれないけど、私はプロ野球選手になりたいと思ったことがない。野球をやっているのは「甲子園」のためだ。

甲子園に行きたい一心でこの高校に決めた。

高校では、目標を持つことの大切さやその取り組みについて教わった。

野球部では、自分の目標設定を用紙に書く。たとえば将来、社長になりたいと考えている人は、どういう大学に行って、どういう企業に入り、何歳までどうなっているか、どう過ごすかといった具体的なプランを立てる。

私はこのとき、初めて将来のことをきちんと考えた。

それまでは野球をやっていることが楽しくて、ずっと野球をやりたいと思っていただけだった。目標設定を行うことで、グッと将来のことが迫ってくる。


父の姿を思い浮かべながら、将来は指導者になることを決意した。

私は高校野球の監督の写真を、目標設定の用紙に貼った。


監督としてまずは県ナンバーワンをめざし、父の名前を書いて、父の写真を貼る。

次に地方のナンバーワンをめざし、その地方を代表する監督を載《の》せた。

そして、全国ナンバーワンをめざし、高校野球界を代表する監督をセレクトした。

「最後はその人たちを超えて、絶対に全国ナンバーワンの監督になります」と、自分の高校の恩師《おんし》の胴上げ写真を貼ったのだった。

将来の指導者をめざして過ごした高校野球。
ベンチ入りは2年春の1度だけ。甲子園出場も2年夏の1度だけ。それも、私はアルプススタンドでの応援だった。
それも、0対1で敗れ、あっという間に終わった。

2年秋の県大会。私のチームは初戦で父のチームと対戦した。私はベンチ外だったがその日、監督から「先に行くぞ」と言われ、メンバーといっしょに球場入り。ボールボーイとして試合に携《たずさ》わった。
今思えば、これは監督の配慮だったのだろう。ベンチ横、メンバーと同じ目線で近くから父との試合を見せてくれたのだから。

試合は父が満塁でスクイズのサインを出し、それが決まって敗れた。

子どものころをふと思い出した。

父のチームが勝ち上がると、母に連れられて甲子園に行った。ある年の1回戦。父のチームは0対0の5回に内野安打と犠打、三盗で一死三塁とすると、スクイズで1点をもぎとった。相手の6安打に対して、父のチームはヒット2本。すごく印象に残っている。スクイズと守りが父の野球だ。

父のチームだけには負けたくない。

そう思っていたから、試合後はくやしくて泣いた。その後の最後の夏だって泣かなかったのに――。

私のチームはセンバツへの道が絶たれたが、父のチームはその後も勝ち進み、センバツに出場した。

3年生になると私は選手をあきらめ、学生コーチになった。最後の夏はスコアラーとしてベンチに入った。シートノックも打たせてもらった。

大学は、父と私の高校の監督の母校に進む。

学生コーチとして4年間を過ごし、教員免許を取得。教育実習は出身高校で行い、最後の土日にBチームの練習試合に連れて行ってもらった。

大学の監督には「指導者になれるのなら、どこでもいいです」と進路希望を伝えていた。大学に戻って1週間後、大学の監督から提示された高校は、Bチームが練習試合をした相手。指導者を探していたらしく、大学の監督に問い合わせがあったようだ。大学卒業後、私はその高校に赴任《ふにん》し、野球部のコーチになった。高校生に野球を教える立場になり、改めて父のすごさを実感する。

そんな父も年齢を重ね、年末年始に帰省するたび、「そろそろやめるわ」と退任を匂わせた。

父が還暦《かんれき》を迎えた夏、私は最後の試合に足を運んだ。私がコーチを務める高校の監督も「行ってこい」と快く送り出してくれた。

その試合は地方大会の準々決勝。会場はその県のメイン球場。少しのなつかしさがある。父も30年以上、戦ってきた〝戦場〟だ。

父のチームの相手は私の母校。席はバックネット裏の、やや父のチーム寄りに取り、妻といっしょに戦況を見つめる。母校のOBではなく、父の息子として応援するんだ。

父のチームは初回に1点を先制した。しかし、その裏、すぐに逆転2ランを浴びる。その後も、リードを奪えずに終わった。


球場の外で父が出てくるのを待つ。連絡せずに行ったため、私の姿を見た父は驚いていた。普段はそんなことを言わない父が「写真を撮ろう」と言って、妻と3人、記念写真に収まった。

父は教え子にバトンを渡し、33年に及ぶ高校野球の監督を終えた。


退任した父を労《ねぎら》う会が何度も開かれた。高校野球の指導者が100人も集まった会では私も壇上であいさつさせていただくことに。

そこには錚々《そうそう》たる面々が集まっていた。

高校時代、目標設定の用紙にお名前と写真を載せた人たちが勢ぞろい。

「この人たちの前でしゃべっているんだ」と思いながら、私が指導者を志した理由を話す。

「父として家で何かをしてもらったという記憶はあまりないのですが、小さいときからグラウンドで……」

途中で、声を詰まらせてしまった。

「すみません。グラウンドで見てきた大きい背中、今でも覚えています。今日という日を考えたくはなかったのですが、すごいさびしい気持ちでいっぱいです。私も30年後、このような会を開いてもらえるような偉大な指導者をめざします。それが両親に対しての恩返しです。一生懸命がんばらせていただきますので、今後もご指導、ご鞭《べん》撻《たつ》のほど、よろしくお願いいたします」

話すことは得意ではない。普段、選手に伝えたいことも紙にまとめたり、パワーポイントを使ったりする。ただ、このときだけはありったけの思いを話した。

父が高校野球の監督でなくなる日が来るなんて考えられなかった。なぜなら、まだ高校時代に立てた目標をクリアしていないからだ。

県で父を倒す。

それが私のひとつの目標だった。それがなくなる。かっこいい姿が見られなくなるという単純なものではない。

これまで野球を教わった人たちには野球場で「恩返し」したい思いがある。父のチームと、私のチームが本気と本気でぶつかって、「あなたのおかげでここまで来られました」と対戦して感謝を表現したかった。その術《すべ》がなくなったのだ。

いちばん身近で、いちばんのあこがれだった父。指導者としてのその背中を追うことはもうできない。

けれども、対戦しなくても、日本一になれば恩返しになるとも思っている。

「絶対に全国ナンバーワンの監督になります」

そう書いた高校時代。

生徒とともに日本一になって、いろんな人に感謝の気持ちを伝えたい。私の力だけではここまで来られなかった、と。

だから私は、日本一の監督になる。

Story 17

行ってらっしゃい

小さいころから息子を支え続けた、球児の母は……

小さいころから、ゲームをしてても、テレビを見てても、何をやっても15分ともたなかった晃太朗《こうたろう》が、初めてやり続けたのが野球でした。

4つ上の長男といっしょに、年長さんのときに入った野球チームの練習が楽しかったようで、何時間でも夢中でボールで遊んでいました。

左利《ひだりき》き用のグローブを取り寄せて渡したら、そこからますます熱中。上級生に混ざって試合に出してもらうようになると、うまくできないとくやし泣き、試合に負けちゃうとまたくやし泣き。コーチに「もっと教えて」とがっついていっては練習し、どんどん上達していきました。

6年のとき、ほとんどの大会で優勝したけれど、全国大会につながる大会だけは優勝できず、また大泣き。

でも、野球に本気で取り組み、成長させてもらった6年間でした。


中学生になるとき、息子は「全国大会で優勝できるチームに入りたい」と言い出し、県内屈指の強豪クラブチームに入りました。

入部して以来、ずっと二軍だったけど、上を見てがんばり続けた。そうしたら、2年の終わりごろ、ついに一軍昇格。中3の夏には主力投手のひとりになって、なんと、目標だった全国優勝も果たしたのです！


日ごろから「ありがとう」の言葉を欠かさず言ってくれる子ですが、何かの節目にはＬＩＮＥをくれます。

優勝した後には、「目標だった優勝ができたのは、毎日、早起きして弁当を作ってくれて、いっぱい応援してくれたお母さんのおかげだよ。ありがとう」と。それを読んだときは、涙があふれてしまいました。

高校進学をどうするか……。

うちは、長男が私立の大学に通いお金がかかっていたことと、主人の会社の経営方針の転換があり、翌年からの減給が決まっていて、家計はいっぱいいっぱい。

それをわかっていた晃太朗は、ほとんどお金のかからない特待生で取ってくれる高校を選ぼうとしていたようです。

でも、晃太朗が本当に行きたい高校は、たぶんそこではなく、授業料免除の特待がつくかどうかわからない強豪校《きょうごうこう》。

寮費《りょうひ》に仕送りに道具代に遠征費。捻出《ねんしゅつ》するのは本当はキツいなと思ったけれど、「甲子園に行けるような高校でがんばりたい」という息子の夢をつぶしたくない。

私が週3日でしていた仕事を週5日に増やせばなんとかなる！

覚悟を決め、「自分が行きたい高校に行っていいんだよ」と伝えました。

そうしたら「いいの？　お金かかっちゃうよ！　大丈夫なの？」と不安顔。あらためて「いいよ」と伝えると、「ありがとう！」と、ホッとしたような、晴れ晴れしたような顔の息子。

そこからまた、高校に向け練習に明け暮れるようになりました。

そんな晃太朗が、高校合格後に送ってくれたのが、こんなＬＩＮＥ。

「行きたい高校に行かせてくれてありがとう。強豪高校になるけど、絶対チームに貢献できるような選手になって、お母さんを甲子園につれていくからね」

ジーンと来ました……。

3月下旬、いよいよ入寮。同行していた私は少し不安そうな顔を浮かべていた晃太朗に、精いっぱいの笑顔を作って別れ、涙をこらえながら帰宅。

家に着くと、その朝まで晃太朗が着ていたパジャマがリビングに置いたままになっていて……。いつもは「またこんなところに脱ぎ捨てて！」と思うところが、その日ばかりは、それを握ったまま泣いてしまいました。

あぁ、これからは、私はいっしょに暮らせない。顔色を見て、何かを察して声をかけてあげることもできない。つらくても、キツくても、自分で乗り越えていってもらうしかない。ただただ「がんばれ」と祈ることしかできないんだな、と実感したのです。

それからの私は、炊事や洗濯などの家事がだいぶ減った分、離れて暮らす晃太朗を心配する時間が増えてしまいました。

「ちゃんとご飯食べてるかな」

「洗濯できてるかな」

晃太朗が部屋に戻った時間を見計らって「お疲れちゃん♪」なんて感じでLINEを送ると、「ただいまー」って返信は来るけれど、そのあと、「今日は何してたの？」と送ってみても「いつもと同じー」って感じで。

そりゃ向こうは、毎日授業を受けて、すぐにグラウンドに移動して、みっちり練習して、食事して、お風呂入って、へとへとになって部屋に戻ってきているわけだし、「何してたの?」と聞かれたところで「いつもと変わらない」というのは当たり前。それでも私は様子が気になって、LINEを送ってしまう。

今思い返すと、先輩や仲間と新しい世界を作り、親離れしていく息子に対して、私はまったく子離れできない母でしたね(笑)。

その夏、先輩たちは、甲子園出場を果たしました。

晃太朗は、1年生ながらメンバーに入れそうで入れませんでしたが、甲子園遠征に帯同《たいどう》させてもらうことができました。

さらに甲子園練習にも入れてもらい、あの甲子園のマウンドから投げさせてもらったというからビックリ。「え? 甲子園のマウンドに立ったの? どうだった?」と舞い上がる私をよそに、晃太朗に浮かれた様子は少しもなく、「絶対ここに戻ってきて、今度は試合で投げる、って思った」と。

小さいときからあこがれ続けてきた甲子園は、晃太朗にとってはもう〝夢〟ではなく、手が届くところにある〝目標〟になったんだな。

そう思ったら、成長をうれしく思う半面、我が子ながら遠くへ行ってしまった気もしました。

それから約1年。

2年生ながら主戦投手のひとりになった晃太朗は、夏の甲子園まであと2勝と迫った西東京大会の準決勝に先発させてもらいました。

でも、立ち上がりが課題で、そこに向けてしっかり調整してきたはずが……その大事な試合でも初回に失点してしまい……。そこから先輩たちが打ってくれて追い上げたものの、追いつけずに敗戦。ひとつ上の先輩たちといっしょに甲子園に行く道が絶たれました。

先輩に支えられ崩れ落ちそうになりながら引き上げる晃太朗。痛々しくて、苦しくて、見ていられません。先輩たちの思い、先輩の親御《おやご》さんたちの思い、応援してくれるすべての人たちの思いを背負って、責任を感じているだろう晃太朗。

あぁ、この試合、もう一度、最初からやり直したい……。

なんてできるはずもなく、あふれる涙をタオルで拭うことしかできませんでした。

翌日、早くも晃太朗たちの代のラストイヤーがスタート。

でも、夏の敗戦を引きずる晃太朗の心はポキンと折れたままで、なかなか前は向けなかったみたい。

後から聞いた話では、先輩たちの大事な試合の初回に失点したことで自信を失い、どうやって投げていいかもわからなくなってしまっていた、と。投げられないことがつらくて、「野球、やめようかな」とさえ思っていたそうです。

でも、引退した先輩たちが、同級生の仲間たちが、そして、指導者のみなさんが、何度も声をかけ、叱咤激励《しったげきれい》し、支えてくれたんですね。

晃太朗は立ち直ってエースになり、秋季大会では自分の殻《から》をひとつ破ったようなピッチングを見せてくれました。

翌春のセンバツ甲子園の切符《きっぷ》はつかめなかったけど、翌夏への手応えを感じさせたんです。

年末年始のわずかな期間、帰省したときに話していた息子の言葉が忘れられません。

「オレ、本当にいい指導者のもとで野球をやれてる。あとはもう、監督を信じてついていくだけだ」

それを聞いて、「いい高校で野球ができてよかった」と感じると同時に、「それなら、そんな監督をみんなで甲子園に連れていってあげてちょうだい」――そういう思いがわいてきました。

寮に送り出すとき、初めて強い言葉をかけたのです。

「泣いても笑っても今年が最後。もうやるしかないよ！　言い訳はできないよ！」

すると晃太朗は「おう！　任せろ！」。

その表情には、強い〝覚悟《かくご》〟が見えました。


そこからチームはまたグンと強くなり、3年春の東京都大会で25年ぶりの優勝。関東大会でもチーム史上最高成績の準優勝。晃太朗の状態もよく、あとは、夏の大会で勝ち上がって甲子園の切符をつかむのみ！


ベンチに入れない仲間の思いを背負い、学校を背負い、必死で最後の調整をする息子に対し、何もできない私は、晃太朗が小さいころからよく参拝《さんぱい》していた地元の神社に行って手を合わせ祈ります。

「甲子園に行かせてください！」

そしていよいよはじまった夏の大会、チーム一丸《いちがん》となって戦い順調にベスト4進出。迎えた準決勝、晃太朗は、昨年苦しんだ立ち上がりも無難に切り抜け4回まで無失点。でも、5回に痛打され1点を失うと、7回にも2失点。味方の反撃も1点にとどまり、そのままゲームセット。

その現実を受け止められず、涙はすぐには出なくて。

でも、最後のミーティングや取材などを終えて球場から出てきた晃太朗が大泣きしているのを遠くから見たら、うわーっと涙があふれてきて止まらなくなりました。

しばらくして、晃太朗からLINEが……。学校に戻るバスの中から送ってきたのでしょう。

「ごめん、負けちゃった。甲子園、連れていけなくてごめんね」

「うん。甲子園で投げる姿、見たかったけど、こんなにがんばってくれたから、お母さんは満足だよ。ありがとう」

「うん。お母さんこそ、応援してくれてありがとう」

こうして、晃太朗と私の高校野球が、終わりました。


振り返ると、母として苦しかったな。

この高校でエースになってほしいという思いはあったけれど、エースというのは、好投して当たり前、失点したり負けたりすると責任が重くのしかかってきます。

「打たれたら何か言われてしまうかもしれない」「負けてしまったらみんなに悪い」

――そう思うと、怖くて、怖くて、マウンドを見ていられないこともありました。

「私がそんな弱くてはダメだ。あの子はもっと大変なところで戦っているんだから、その姿をちゃんと見てあげよう」と、毎試合、手の平をすり合わせながら見続けたけど、なかなかキツかったです。


でも、いいこともたくさんありました。

試合で苦しいときは、ママ友たちがそばで支えてくれました。そっと肩をたたいてくれたり、ぎゅっと抱きしめてくれたり……。どんなに救われたか。

苦しんだ分だけ、勝ったときの喜びは本当に大きいし、なにより最後の最後まで〝甲子園〟という、いい夢を見させてもらいました。

冬にはセンバツ東京代表にも選んでいただき、日の丸をつけてキューバ遠征も経験させてもらったし、たくさんの人に支えられ、応援してもらい、一ピッチャーとしてだけではなく、息子は心も大きく成長して帰ってきてくれた。

だから私は、満足しています。


そんなふうに、甲子園のことは吹っ切ったつもりだったけど、その夏、甲子園のテレビをつけることはありませんでした。立てそうで立てなかった甲子園のマウンドを見るのはやっぱりつらくて。

晃太朗はというと、甲子園には目もくれず、次のステージに向けて毎日練習していました。

あんなにくやしい思いをしても前を向く、いや、くやしい思いをしたからこそ前を向くのかな。

そんな晃太朗の進む道は、大学ではなく、社会人野球です。

家の事情を考えて、お金のかからない社会人を希望した晃太朗を、その年、社会人日本一に輝いたチームがとってくださったんです！

そのチームの寮へと旅立つ日、晃太朗がこんなことを言ってくれました。

「オレ、絶対プロになるから！　がんばってくるね！」

3年前より大人になった私は、今度は作り笑いじゃない心からの笑顔で送り出すことができました。

「行ってらっしゃい、晃太朗！」

Story 18

奪われた甲子園

震災や大型台風を乗り越えた先に、見えた甲子園は……

２０１１年3月、小学2年生のとき、今まで経験したことのない大地震が来た。急いで逃げる途中でふと振り返ると、海から海水が襲ってきていた。横を見たら川が氾濫《はんらん》している。こわくてこわくて、ふるえた。

津波はうちの庭まで来たものの、家はギリギリ無事。でも、福島第一原発《ふくしまだいいちげんぱつ》が爆発したため、ぼくらの家族は神奈川の親戚《しんせき》の家に避難した。

外で遊ぶ友だちもいなくて、毎日家に閉じこもっていた。そんなとき、テレビに映った甲子園。春のセンバツ（第83回大会）だ。

多くの観客、元気なブラスバンドの音の中で、高校生のお兄さんたちが、全力で戦っている姿にとにかく感動して、テレビの前から離れられなくなった。そこで強く思ったんだ。

ぼくもここで試合をする！

数週間後、自宅に戻り、福島の復興のスタートとともに野球をはじめた。

津波で家を無くして避難所生活をしている方がたくさんいる中、ぼくは野球をすることができていた。

いつか、苦しい思いをされているみなさんを勇気づけられるようなプレーがしたい。

一生懸命《いっしょうけんめい》練習した。

小学4年生で、早くもめざす高校を決めた。県内トップクラスの進学校で、野球部も伝統と歴史があって、過去には甲子園でなんと準優勝したこともある地元の高校。

「あのコバルトブルーのユニフォームを着て、甲子園に行きたい！」

中学では野球だけじゃなくて勉強もがんばった。行きたい高校は野球推薦《すいせん》はなく、テストの点数を取らないと入れないから。

学校の野球部の活動の他に、市の選抜チームの活動もあって、目が回る日々だったけど、絶対にそこに入りたかったので必死でやった。

結果、野球では2つの全国大会に出場、受験でも難関を突破して合格。飛び上がるほどうれしかった。

高校入学直前の3月、甲子園球場に行き、春のセンバツ（第90回大会）を見た。自分がめざす場所をこの目で見ておきたいから。

とても大きくて、とても美しい甲子園で躍動する選手たち。より一層〝そこ〟に行きたい気持ちが強くなった。

高校で野球部の門をたたいたぼくは、〝木村保《きむらたもつ》〟監督に出会う。先生はこの高校の野球部のOBであり、これまで教員として、福島の県立高校野球部の指導者として実績を積んできた。東日本大震災が起きた2011年の夏には、県立高校を福島県大会決勝まで——甲子園まであと1勝のところへ導き、県の人々に感動と勇気を与えた。ここ20年は甲子園に出場できていない母校を再び出場させるべく、OBや地元の期待を一身に背負って赴任《ふにん》してきたすごい先生だ。

高校野球は監督主導で練習していくイメージだったけど、保先生はぼくたちにメニューを考えさせて取り組む。だから監督といっしょにチームを作り強化していくのが実感できる。

それに、野球の監督って、選手が何かできなかったり失敗したりすると、すぐに怒る人が多いように思っていたけれど、先生は選手の話を聞いたうえで、先生の考えや思いを話してくださる。なので、ぼくらはさらに考え、成長できる。

そんな保先生についていけば、甲子園だって夢ではない。

だけど、ぼくは1年秋から正捕手になったけれど、〝よい試合〟はしても、〝勝ち切れない〟ことが続いた。

2年夏の福島県大会も初戦で負けてしまい、新チームのキャプテンになったぼくは、「どんな状況であっても、誰が出ても、どんなに疲れていても、〝勝ち切る〟ことにこだわって練習試合をしよう」と仲間に伝えた。

そのうち、いろんな勝ちパターンを経験でき、秋の大会では〝どんな展開になっても勝てる〟という自信を持って戦えた。

結果、福島県大会で3位入賞し、12年ぶりに東北大会へ！

この大会で決勝まで進めれば、翌春のセンバツ（第92回大会）出場が濃厚になる。

ぼくらは「全員で力を合わせて（甲子園への切符を）取りに行くぞ」と意気込んだ。

岩手県で行われた東北大会の初戦はいい形で勝利できた。

その後、大型台風が来るという予報が出て、大会は一時中断。ぼくらは一度、福島県いわき市に戻った。翌日、台風19号がぼくらの街を襲う。

川が氾濫し、野球部も何人かの家が被害を受けてしまった。

台風一過の街は、まるで湖。家も車も泥水につかり、みんな懸命に水をはき出したり泥の撤去をしている。

ぼくらは再び岩手の東北大会に向かうべく学校に集合したけれど、集合時間の朝8時にはとても集まれず、全員がそろったのは午後1時。

「こんな状況の中、自分たちだけ野球をやりに岩手に行っていいのかな」……ぼくらはとまどっていた。

そんな中、保先生がこう声をかけてくださった。

「心配だろうし、不安もあると思うけど、大会本部からは予定どおり大会を行う、との連絡が入った。今、自分たちにできることは、東北大会で勝ち上がって、勇気や感動を地元の皆さんにお届けすることじゃないか」と。

ぼくたちはうなずいた。

バスで学校を出発すると、保先生が「外を見ておけ」と。ぼくらは、1日で激変してしまったいわき市の情景をしっかり見て、目に焼きつけて、東北大会へと向かった。

そしてぼくらは、東北大会ベスト8に！　8強入りは実に46年ぶりで、地元ではこのニュースを大きく扱ってくれたそうだ。

「大変な思いをしている地元いわき市のみなさんに少しは元気が出る報告ができたかな」と思ったけれど、まだ喜んではいられない。

あと2つ勝って、センバツの切符を手にしなければ！

でも、準々決勝では、ぼくらがずっと大事にし続けてきた〝守備から流れを作る〟ことができず、負けてしまった。あと2つでセンバツだったのに……。

くやしくて、くやしくて、涙があふれた。

だけど、その後、すごいことが起きた。

ぼくらの野球部が〝文武両道〟で取り組んでいること、地域貢献やボランティア活動をしていることなどが評価され、翌春のセンバツの〝21世紀枠〟候補校に選出していただけたのだ。

そして、東北地区の候補校にも選出され、道が閉ざされたと思っていたセンバツに出場できるチャンスが出てきたのだ。

1月24日、多くの報道陣が集まる中、ぼくらはグラウンドでその報告を待った。練習をはじめようにも、そわそわしてしまって手に着かない。

すると保先生たちがグラウンドに来て、校長先生から、

「〝21世紀枠〟での出場が決まりました！」

言葉にできないうれしさだった。

涙でいっぱいの保先生から「おめでとう」って声をかけてもらって、ぼくも泣いてしまった。〃コバルトブルーのユニフォームを着て甲子園でプレーする〃という夢が本当にかなったんだとうれしくてワクワクして。

がんばってきてよかった。

と同時に、男泣きする保先生を見て、OBの期待、学校の期待、地元の期待……背負っているものがいっぱいあるから苦しかっただろうなって。ぼくらに賭《か》けてくれている分、自分の家族を犠牲《ぎせい》したこともあっただろうし、いろいろつらかっただろうな。だから今、救われた思いなのかなって。

甲子園に出るだけじゃなく、勝利もプレゼントして、保先生に恩返ししたい。

そんな中、想像もしないものがジワジワと忍びよっていた。

そう、新型コロナウイルス。

最初は異国の話としか感じていなかったし、日本で少しずつ感染が拡大していっても、どんなことがあっても、甲子園は行われると思っていた。

だけど3月に入り、学校が休校になり、練習も自粛《じしゅく》となったあたりから、「もしかしたらセンバツ開催も危ないんじゃないか」と思いはじめた。

それでもキャプテンのぼくが弱気になってちゃダメだ。

近所に住むチームメイトと自主練習をしたり、チームのグループLINEにも「厳しい状況だけど、開催を信じて、みんなでがんばろうな」と送ったり。

でも、ぼくらの願いはかなわなかった。一度は、「無観客ながら開催する」と発表されたけど、その1週間後、中止が決定してしまったのだ。

保先生からの電話で〝中止〟を知ったぼくは、頭が真っ白になってしまった。

「本当にくやしいけど、これをしっかり受け止めて、もう一回の夏のチャンスに切り替えてやっていこう」と保先生。

ぼくは、口では「わかりました」と答えたものの、頭と心では何もわかっていない。

くやしすぎて涙も出なかった。

キャプテンとして、チームメイトにも伝えなければ……。ＬＩＮＥグループに中止の報告だけは入れた。既読がついていくのに、返信は「整理つかない」「無理だわ」っていう2つだけ。いつもは何かしら返信してくれる仲間だけど、そのときばかりはショックで言葉も出なかったんだと思う。

その日は、奇《く》しくも3月11日。ぼくが甲子園をめざして野球をはじめるきっかけとなった、あの日からちょうど9年だった——。

くやしさのどん底の中、少しずつ、少しずつ前向きになって、「夏に向けてがんばろう」「もう1回、気持を切り替えて、夏、保先生を今度こそ甲子園に連れていこう」。そう思って自主練をはじめていたところ、突然3月23日に、学校への集合がかかった。保護者も呼ばれた。練習が自粛になっている中、いったいいなんだろう？

学校が休校中で校舎には入れず、敷地内の百年記念館の中に入ると、そこには保先生だけではなく校長先生、部長先生、第三顧問の先生もいて、何とも物々しい雰囲気。全員がそろったところで、校長先生がこうおっしゃった。

「私がこの3月いっぱいで定年退職、部長先生が教員採用試験に合格されて異動、ということはみんなわかっていると思うんですが、木村先生も今回、異動が決まりました。福島市の高校に異動し、高野連《こうやれん》の事務局に就《つ》くことになります」

何を言ってるの？　ぼくは固まってしまった。みんなも「ウソでしょ」って顔。県立高校だし、6年ぐらいで異動があることはわかっている。でも、保先生はまだ5年。「ぼくらは、これからまた保先生と夏の甲子園をめざすんだよ！　異動なんてあるわけないよね？」と、頭の中がグルグル。

でも、保先生が自らの口でこう言った。

「今回、異動することになりました。なんとかあと1年残していただけないか、夏まで引き続き指導できないかとかけ合わせていただいたのですが、かなわなくて」

ぼくは全身の力が抜けてしまった。

そして保先生はまっすぐ前を見てこう続けた。

「秋から春にかけて、君たちは本当に成長してくれた。こんな大変な時期だけど、ここを堪《た》え忍《しの》んでいけば、君たちなら夏の甲子園に行ける。夏は全部勝たないといけないし、苦しい場面がたくさんあると思うけど、絶対甲子園に行けるから、期待しています」

えっ？　〝期待しています〟……って？　今まで「いっしょに夏をめざしていこう」って言っていたのに、急に他人事《ひとごと》みたいじゃないか。

ぼくたちは保先生と、いっしょに甲子園に行きたいのに！

その日は、感染拡大防止のためにすぐ解散。親の車に乗ったときには、もう涙をこらえきれなかった。

保先生と甲子園の舞台に立てなくなってしまったショック。保先生がいなくなってしまった後、ぼくらはちゃんとやっていけるんだろうか……。

ぼくにとってはセンバツ中止に劣《おと》らないショックで、「野球の神様は自分たちにどんだけ試練を与えるんだよ」と思った。


家について自室に戻ると、もっと涙がふき出した。泣いて、泣いて、いっぱい泣いて、気持を抑えられず、ひとつ上の先輩に連絡した。今まで弱音なんて人に吐いたことなどなかったけど、このときばかりは無理だった。

「どうしたらいいかわからないです」ととまどいをそのままぶつけると、先輩は、ぼくの話をいっぱい聞いてくれた末、こんなことを言ってくれた。

「不安でいっぱいかもしれないけど、お前まで弱気になったら夏、勝てない。だから、仲間の前では強いキャプテンでいてくれ。オレたちにはいくら弱音を吐いてもいいから！」

その言葉で、もっと涙が止まらなくなった。

一夜明けても気持ちは収まらない。けど、昨晩の先輩の言葉を受け、「現実を受け止めて強くならなきゃ」って思った。

3月30日、離任式のため学校へ。離任式後、保先生から〝最後のノック〟を受けられることになった。保先生はおっしゃった。

「〝夏に向けてチームがひとつになって再出発するための大事なノック〟という位置づけだ」

前日に保先生から手渡していただいた、甲子園で着るはずだった背番号入りのコバルトブルーのユニフォームをぼくらは着ている。

大舞台・甲子園球場で受けているイメージで、保先生のノックを受けた。

ラスト1本になると、ノックの前にひとり一言ずつ感謝の気持ちを大きな声で先生に伝えていく……。キャッチャーのぼくのすぐ前でノックしている先生の目が少しずつうるんでいき、涙声になっていくのがわかった。

そして最後はキャッチャーのぼく。

「センバツの中止が決まってから、絶対に保先生を、このチームを、夏の甲子園に連れていくんだって気持ちでやってきたんですけど、その夢を実現することはできませんでした。でも、夏、最高の報告ができるよう、キャプテンとして覚悟を持ってがんばっていくので、見守っていてください。最後のノックお願いします！」

「任せたからな」と先生。

そのひと言にグッと来すぎて、涙があふれたけど、保先生が打ち上げてくれた監督人生最後のキャッチャーフライを、ぼくはがっちりつかんで……終わった。

正直、ぼくはまだ切り替えることはできていない。でも、仲間には「前を向こう」と伝えたくて、グラウンドのホワイトボードに大きくこう書いた。

Story18　奪われた甲子園

〝春の意地、譲《ゆず》らない夏〟と。

4月2日、ぼくらは、新しく監督になる渡辺純《わたなべじゅん》先生と顔合わせをした。純先生もこの高校の野球部のOB。今まで市内のライバル校の監督だったけど、「母校の甲子園が決まったときは本当にうれしかったし、中止になってしまったときは心から残念に思った」と言ってくれた。

さらに、「やることは木村先生のときと変わらない。みんなと思いはいっしょ。木村先生、校長先生、部長先生を甲子園に連れていきたいと思ってる」とも言ってくれた。そんな気持ちで来てくださったことが本当にありがたい。

そして、純先生のもとで練習していくうちに、純先生への信頼感がどんどん高まり、「この監督のもとで、3人の先生と仲間を絶対、夏の甲子園に連れていくんだ」って、やっと前を向くことができたんだ。

それから、練習を再開。「次こそは」という気持ちで、全員がまたチームひとつになってやっていたけれど、再び自粛。それどころか……。

夏の甲子園がなくなってしまった。

3人を甲子園に連れていくどころか、夏の切符をかけて戦うことすらできないなんて……。


でも……、こうなっていちばん強く思うこと。確かに目標は甲子園で勝つことだったし、その挑戦さえできないのはとてもくやしいけど、部活動や野球をしている目的は、野球を通して人間力を磨くこと＝「人間形成」なんだって。

部活動は「結果よりも取り組み」が大事だと思うから、このくやしさを力に変えてがんばるし、「高校野球」を完結させるために、最後までやりきりたい。大学でも野球を続ける。

そして将来、教員になって、高校野球の監督になって、甲子園をめざしたい。これらの苦しすぎる経験も、人生において生きてくるんじゃないか――。

いつか、ぼくの生徒たちに伝えていければと思っている。

取材・文　井上幸太、長壁 明、尾関雄一朗、瀬川ふみ子、高木 遊、高橋昌江、馬場 遼（五十音順）
カバー・本文デザイン　井上新八
カバー・本文イラスト　植田たてり
編集協力　大西華子
校正　矢島規男
DTP　三協美術
編集担当　江波戸裕子（廣済堂出版）

Special Thanks
伊藤栞、岩間涼星、宇多颯、小河英一郎、風間祐輝、工藤大斗、白石哲士、田村凌太郎、冨岡聖平、中村和美、沼田雄輝、平井颯、堀内麻里、馬渡麻友、目黒幸治、吉田和弘（五十音順）
ホームラン編集部

※本書の発行部数に基づく売り上げの1%を「一般財団法人　あしなが育英会」に寄付いたします。

〔監修者〕
プロフィール
渡部 建（アンジャッシュ）

わたべ・けん。1972年、東京・八王子生まれ。1993年、神奈川大学在学中に高校の同級生であった児嶋一哉に誘われ、お笑いコンビ「アンジャッシュ」を結成。2003年、NHK『爆笑オンエアバトル』5代目チャンピオンに輝き、日本テレビ『エンタの神様』など、ネタ番組では“コント仕掛け”のスペシャリストと呼ばれる。テレビやラジオなど多くのレギュラー番組を持ち幅広く活躍中。野球好きで小学1年から中学3年までの9年間、八王子リトルリーグに所属していた。

生きてさえいてくれれば
甲子園だけが高校野球ではない

2020年6月30日　第1版第1刷

監修者　渡部 建

発行者　後藤高志
発行所　株式会社廣済堂出版
〒101-0052 東京都千代田区神田小川町 2-3-13 M&C ビル 7F
電話　03-6703-0964（編集）
03-6703-0962（販売）
FAX　03-6703-0963（販売）
振替　00180-0-164137
URL　https://www.kosaido-pub.co.jp

印刷所
製本所　株式会社廣済堂

ISBN978-4-331-52299-8 C0095